Sammlung

Aufserdeutscher Strafgesetzbücher

in Deutscher Übersetzung.

Herausgegeben von der Redaktion

der

Zeitschrift für die gesamte Strafrechtswissenschaft.

XIX.

Das Portugiesische Strafgesetzbuch.

BERLIN 1903.

J. Guttentag, Verlagsbuchhandlung,

G. m. b. H.

Das

Portugiesische Strafgesetzbuch.

Übersetzt

von

F. Zander.

BERLIN 1903.

J. Guttentag, Verlagsbuchhandlung,

G. m. b. H.

Inhaltsverzeichnis.

Einleitung.

Bis zur Mitte des vorigen Jahrhunderts galten in Portugal auf dem Gebiete des Strafrechts veraltete, der Einheitlichkeit ermangelnde Bestimmungen. Die leitenden Grundsätze, nach denen die Angeklagten behandelt wurden, gehörten überwundenen Zuständen an. Der grelle Widerspruch zwischen der raschen Entwickelung auf andern Gebieten und dem zähen Rückstande des Strafrechts war zwar lange erkannt. Seine Beseitigung mufste aber infolge der inneren Unruhen eine Sorge späterer Tage bleiben.

Durch den Königlichen Erlafs vom 10. Dezember 1845 wurde eine aus fünf Rechtsgelehrten bestehende Kommission beauftragt, den Entwurf eines Strafgesetzbuchs auszuarbeiten, worin „die gediegensten, der Aufklärung des Jahrhunderts und der Verfassung des Landes entsprechenden Grundsätze des Strafrechts zum Ausdruck kämen". Die politischen Ereignisse und der Austritt zweier Mitglieder verzögerten die Arbeiten der Kommission. Erst am 30. September 1852 legten die verbliebenen drei Mitglieder das Ergebnis ihrer Tätigkeit mit dem Bemerken vor, „es sei nicht unbekannt, dafs die Schwierigkeit des Stoffes langes und tiefes Studium der Lehrmeinungen, die gröfste Genauigkeit des Ausdrucks erfordere, und dafs eine so ausgedehnte Arbeit nicht die einfache Abschrift verschiedener Bestimmungen andrer Strafgesetzbücher ohne Wahl und Prüfung sein dürfe."

Die Tatsache, dafs dieselbe Strafe auf verschiedene Personen, selbst wenn sie dieselbe Handlung begangen hätten, verschiedenen Eindruck hervorrufe, habe die Kommission bewogen, das Strafmafs der Erwägung des Richters zu überlassen, „um die scheinbare Gerechtigkrit für Alle nicht tatsächlich zur Ungerechtigkeit werden zu lassen". Das Gegenteil liege für die Anklage vor. Hier sei strengste Vorschrift geboten. Niemand dürfe von einem auf den andern Fall durch Ähnlichkeit oder Ableitung folgern: Das rechte Mafs in der zutreffenden Abschätzung der Handlungen zu finden, sei die schwerste Arbeit gewesen.

Der Zeitpunkt der vollständigen Abschaffung der Todesstrafe sei noch nicht gekommen; jedoch werde sie nur in den sehr seltenen Fällen angewendet, „in denen ihre Berechtigung und unbedingte Notwendigkeit vernünftigerweise nicht bestritten werden kann“. Der Absicht der Zusatzakte zur Verfassung entsprechend, wurde die Todesstrafe für Aufruhr verboten.

Der Art. 145 § 18 der portugiesischen Verfassung vom 29. April 1826 bestimmt nämlich: „Von jetzt ab werden die Geifselungen, die Folter, das Brennen mit heifsem Eisen und alle übrigen grausamen Strafen abgeschafft.“ Durch den Artikel 16 der Zusatzakte vom 5. Juli 1852 wurde obige Bestimmung erweitert: „Die Todestrafe für politische Verbrechen, die durch ein Gesetz angegeben werden sollen, wird abgeschafft. Einziger §: Auf diese Art wird der § 18 des Artikels 145 der Verfassung erweitert.“

Am 10. Dezember 1852 legte der Justizminister den Kommissionsentwurf der Königin zur Genehmigung vor, empfahl die Beibehaltung der Todesstrafe, bemerkte aber: „Es ist indes zu hoffen, dafs mit Rücksicht auf unsern vorgeschrittenen Stand der Gesittung der Tag bald kommen wird, an dem die Todesstrafe unter uns ganz abgeschafft werden kann.“

Jedenfalls sei die Nützlichkeit eines portugiesischen Strafgesetzbuches in jeder Hinsicht offenkundig. Es beseitige mit einem Male die alte zerstreute und grausame Strafgesetzgebung und die grenzenlose Willkür, „die notwendig aus der Verwirrung und der übermäfsigen Strenge der Gesetze hervorgeht“.

Durch das Königliche Dekret vom 10. Dezember 1852 wurde das erste portugiesische Strafgesetzbuch genehmigt. Es enthielt folgende Strafarten: Todesstrafe — Lebenslängliche und zeitige Zwangsarbeit — Lebenslängliche und zeitige Freiheitsstrafe — Gefängnis mit Arbeit — Verbannung (lebenslängliche; nach Indien; zeitige) — Dauernde und zeitige Landesverweisung — Verlust der bürgerlichen Ehrenrechte — Zeitige höhere (Gefängnis-) Strafen — Besserungshaft und Geldbufse — Verweisung — (Zeitige) Entziehung der bürgerlichen Ehrenrechte — Amtsentlassung — (Zeitige) Amtsenthebung.

Durch das Gesetz vom 1. Juli 1867 wurde das Strafrecht und das Gefängniswesen erneut umgestaltet. An Stelle der Todesstrafe und der lebenslänglichen Zwangsarbeit trat die zeitige Zellengefängishaft und die Verbannung. Der leitende Gedanke war Strafmilderung im allgemeinen. Im Anschlufs an dieses Gesetz teilte ein Königlicher Erlafs vom 5. September 1867 die überseeischen Besitzungen, die als Verbannungsorte dienen sollen, in 2 Klassen, je nach den günstigeren Lebensbedingungen. Die erste (günstigere) Klasse bilden: Die Kap Verdischen Inseln, San Thomé und Principe, die Bezirke Loanda und Mossamedes (Angola). Zur zweiten Klasse gehören: Bissao und Cacheu (Portugiesisch Guinea), die Bezirke Benguella (Angola) und Mozambique.

Durch diese einschneidenden Änderungen war das Wesen des portugiesischen Strafrechts grundsätzlich verwandelt, und das Strafgesetzbuch von 1852 bedurfte der Erneuerung. Dennoch blieb es dem Namen nach bis 1884 in Kraft. Am 9. Mai des genannten Jahres beschlossen die Cortes eine Neuordnung. Der Beschlufs erhielt durch das Gesetz vom 14. Juni 1884 die Königliche Genehmigung. Mit dem Tage der Veröffentlichung im Amtsblatt (18. Juni 1884) trat das Gesetz für das festländische Königreich und die Nachbarinseln (Azoren und Madeira) in Kraft. Seine Gültigkeit wurde mittels Königlichen Erlasses vom 11. Dezember 1884 auf das portugiesische Überseegebiet (Ost- und Westafrika, Diu, Goa, Macao, Timor) ausgedehnt.

Der Artikel 5 des Gesetzes vom 14. Juni 1884 ermächtigte die Regierung zu einer neuen amtlichen Veröffentlichung des Strafgesetzbuches, in die die Bestimmungen des Gesetzes aufgenommen werden sollten. Die Veröffentlichung erfolgte mittels Königlichen Dekrets vom 16. September 1886 im Amtsblatt vom 20. desselben Monats.

Die Anlage und Einteilung des vorliegenden St.G.B. ist so geblieben wie in der Ausgabe von 1852. Der Inhalt hat sich auf Grund der geschichtlichen, vorstehend angedeuteten Entwickelung geändert.

Ein Ministerialerlafs (Portaria) vom 10. April 1893 weist alle beteiligten Beamten an, etwaige Vorschläge zur Änderung der giltigen Strafgesetzgebung einzureichen.

Strafgesetzbuch.

1. Buch.

Allgemeine Bestimmungen.

Titel I.

Von den Verbrechen im allgemeinen und von den Verbrechern.

Kapitel I.

Vorbemerkungen.

Art. 1. Verbrechen oder Vergehen ist die willensfreie, durch das Strafgesetz für strafbar erklärte Handlung.

Art. 2. Die Bestrafung der Fahrlässigkeit in den im Gesetz bestimmten Sonderfällen gründet sich auf die willensfreie Unterlassung einer Pflicht.

Art. 3. Als Übertretung wird die willensfreie strafbare Handlung angesehen, die, unabhängig von jeder böswilligen Absicht, einzig in der Verletzung oder Nichtbeachtung der vorbeugenden Bestimmungen der Gesetze und Verordnungen besteht.

Art. 4. Bei den Übertretungen wird stets die Fahrlässigkeit bestraft.

Art. 5. Keine Handlung, ob sie in Betätigung oder in Unterlassung besteht, kann als strafbar angesehen werden, wenn ein vorheriges Gesetz sie nicht als solche bezeichnet.

Art. 6. Das Strafgesetz hat keine rückwirkende Kraft, aufser in den folgenden Fällen:

1. Die Handlung, die zur Zeit, in der sie begangen wurde, nach dem geltenden Gesetze strafbar war, hört auf es zu sein, wenn ein neues Gesetz sie aus der Zahl der strafbaren Handlungen ausscheidet.

Ist schon eine rechtskräftig gewordene Verurteilung erfolgt, so wird die Strafe erlassen, ob ihre Verbüfsung schon begonnen hat oder nicht.

2. Wenn die in dem geltenden Gesetz festgesetzte Strafe zur Zeit, in der die Straftat begangen wird, von den in späteren Gesetzen festgesetzten Strafen abweicht, so wird auf den Täter, der

noch nicht durch einen rechtskräftig gewordenen Spruch verurteilt ist, stets die mildeste Strafe angewendet.

3. Die Bestimmungen des Gesetzes über die Wirkungen der Strafe haben rückwirkende Kraft in allem, was den Straffälligen günstig ist, selbst wenn diese schon durch rechtskräftig gewordenen Richterspruch verurteilt sind zur Zeit der Herausgabe des Gesetzes, unbeschadet der Rechte Dritter.

Art. 7. Die im Artikel 311 des bürgerlichen Gesetzbuches aufgestellte Volljährigkeit zeigt in den Beziehungen zum Strafgesetz ihre ganze Wirkung, wenn die Minderjährigkeit als Grundlage zur Bestimmung der Straftat dient, und stets, wenn dieses Gesetz sich im allgemeinen auf die Volljährigkeit oder auf die Minderjährigkeit bezieht.

Kapitel II.

Von der Straffälligkeit.

Art. 8. Strafbar ist nicht nur die vollendete Straftat, sondern such die mifslungene und die versuchte.

Art. 9. So oft das Gesetz die auf die Straftat anwendbare Strafe bezeichnet, ohne zu erklären, ob es sich um die vollendete, mifslungene oder versuchte Straftat handelt, ist stets zu verstehen, dafs sie der vollendeten Straftat auferlegt wird.

Art. 10. Eine mifslungene Straftat liegt vor, wenn der Täter mit Absicht alle Handlungen zur Ausführung begeht, die als Ergebnis die vollendete Straftat hervorbringen müfsten und sie gleichwohl nicht hervorbringen aus Umständen, die von seinem Willen unabhängig sind.

Art. 11. Es liegt Versuch vor, wenn festgestellt wird, dafs die folgenden Erfordernisse zu demselben Zweck vorhanden sind:

1. Absicht des Täters.
2. Begonnene und unvollständige Ausführung der Handlungen, die die vollendete Straftat hervorbringen mufsten.
3. Unterbrechung der Ausführung durch Umstände, die vom Willen des Täters unabhängig sind, ausgenommen in den im Art. 13 vorgesehenen Fällen.
4. Belegung der vollendeten Straftat mit höherer Strafe, ausgenommen die Sonderfälle, in denen — wenn auf die vollendete Straftat Besserungsstrafe anwendbar ist — das Gesetz ausdrücklich den Versuch dieser Straftat als strafbar erklärt.

Art. 12. Obgleich der Versuch nicht strafbar ist, so sind die Handlungen, die zu seiner Bildung führen, strafbar, wenn sie durch das Gesetz als Verbrechen, oder durch Gesetz oder Verordnung als Übertretungen gekennzeichnet werden.

Art. 13. In den besondern Fällen, in denen das Gesetz den Versuch eines Verbrechens als vollendetes Verbrechen kennzeichnet, gilt die Unterbrechung der Ausführung dieses Verbrechens durch den Willen des Täters nicht als Rechtfertigung.

Art. 14. Vorbereitende Handlungen sind die äufseren Vorgänge, die dahin leiten, die Ausführung des Verbrechens zu erleichtern oder vorzubereiten, die noch nicht den Anfang der Ausübung bilden. Die vorbereitenden Handlungen sind nicht strafbar, aber auf die Tatsachen, die zu ihrer Bildung eintreten, ist die Bestimmung in Art. 12 anwendbar.

Art. 15. Es sind keine Verbrechen die Handlungen, die nicht als solche durch dieses Gesetzbuch gekennzeichnet werden.

Einziger §: Ausgenommen von der Bestimmung dieses Artikels werden:

1. Die durch besondere Gesetzgebung als Verbrechen gekennzeichneten Handlungen in den Angelegenheiten, die nicht durch dieses Gesetzbuch geregelt werden, oder in denjenigen, wo auf die Sondergesetzgebung Bezug genommen wird.
2. Die militärischen Verbrechen.

Art. 16. Militärische Verbrechen sind die Tatsachen, die unmittelbar die Manneszucht des Heeres oder der Seemacht verletzen und die das Militärgesetz als Verletzung der militärischen Pflicht kennzeichnet und zu bestrafen anordnet, sofern sie von Soldaten oder andern, dem Heere oder der Seemacht angehörenden Personen begangen werden.

Einziger §: Die von Soldaten oder andern, dem Heere oder der Seemacht angehörigen Personen begangenen gemeinen Verbrechen werden stets mit den in dem allgemeinen Gesetz bestimmten Strafen belegt, auch wenn sie vor den Militärgerichten abgeurteilt werden.

Art. 17. Die Bestimmungen der bürgerlichen Gesetze, die — infolge des Begehens oder Unterlassens gewisser Handlungen — die Ausübung einiger staatsbürgerlicher Rechte ändern oder Verurteilungen mit Beziehung auf private Interessen aufstellen und nur dem Eingreifen der bürgerlichen Gerichtsbarkeit Anlafs geben, werden durch dieses Gesetzbuch ohne ausdrücklichen Widerruf nicht als verändert angesehen.

Art. 18. Die Schlufsfolgerung aus Ähnlichkeit oder Gleichheit oder das Überwiegen richtiger Erkenntnis sind nicht zulässig, um irgend eine Handlung als Verbrechen zu kennzeichnen; es ist stets nötig, dafs die zur Bildung der verbrecherischen Handlung wesentlichen Bestandteile, die das Strafgesetz ausdrücklich angibt, erwiesen werden.

Kapitel III.

Von den Teilnehmern des Verbrechens.

Art. 19. Die Teilnehmer am Verbrechen sind Urheber, Mitschuldige oder Hehler.

Art. 20. Urheber sind:

1. Die das Verbrechen ausführen oder unmittelbaren Anteil an seiner Ausführung nehmen.

2. Die durch körperliche Vergewaltigung, Drohung, Mifsbrauch des Ansehens oder der Macht einen andern zwingen das Verbrechen zu begehen, ob der Zwang überwindlich ist oder nicht.

3. Die durch Vereinbarung, Geschenk, Versprechen, Anordnung, Bitte, oder durch ein sonstiges betrügerisches und unmittelbares Verfahren einen andern bestimmen das Verbrechen zu begehen.

4. Die einem andern raten oder ihn anreizen, das Verbrechen zu begehen in den Fällen, in denen ohne diesen Rat oder Anreiz es nicht begangen worden wäre.

5. Die unmittelbar beitragen die Ausführung zu erleichtern oder vorzubereiten in den Fällen, in denen, ohne diese Mithülfe, das Verbrechen nicht begangen worden wäre.

Einziger §: Der Widerruf der Aufforderung mufs als besonderer mildernder Umstand betrachtet werden, wenn noch kein Beginn der Ausführung des Verbrechens vorliegt, und als einfacher mildernder Umstand, wenn die Ausführung schon begonnen worden ist.

Art. 21. Der leitende oder anstiftende Täter ist auch auch als Urheber anzusehen:

1. Der zur Begehung des Verbrechens erforderlichen Handlungen, auch wenn sie nicht Handlungen der (eigentlichen) Ausführung bilden.

2. Der Überschreitung des Ausführenden bei der Begehung des Verbrechens in den Fällen, in denen er sie als wahrscheinliche Folge der Anordnung oder Anstiftung hätte voraussehen müssen.

Art. 22. Mitschuldige sind:

1. Die einem andern unmittelbar raten oder ihn anstiften, der Täter des Verbrechens zu sein, soweit sie nicht in den Artikel 20 einbegriffen sind.

2. Die unmittelbar mitwirken, um die Ausführung zu erleichtern oder vorzubereiten in den Fällen, in denen, ohne diese Mitwirkung, das Verbrechen hätte begangen werden können.

Art. 23. Hehler sind:

1. Die die Spuren des Verbrechens ändern oder verwischen zu dem Zwecke, die Feststellung des Tatbestandes zu verhindern oder zu erschweren.

2. Die die Beweise verdunkeln oder nutzlos machen, ebenso die Werkzeuge oder die Gegenstände des Verbrechens, in der Absicht, zu der Straflosigkeit mitzuwirken.

3. Die — bei der Verpflichtung, auf Grund ihres Berufes, Amtes, Gewerbes irgend eine Prüfung bezüglich eines Verbrechens vorzunehmen — bei dieser Prüfung die Wahrheit der Tatsache mit der Absicht verändern oder verdunkeln, einen Verbrecher zu begünstigen.

4. Die durch Kauf, Pfand, Gabe oder durch ein sonstiges Mittel aus den Ergebnissen des Verbrechens Nutzen ziehen oder dem Ver-

brecher helfen, dafs er daraus Nutzen zieht, wenn sie im Augenblick der Erwerbung Kenntnis von der verbrecherischen Herkunft haben.

5. Die dem Verbrecher Obdach gewähren oder ihm die Flucht erleichtern, in der Absicht, ihn dem Vorgehen des Gerichts zu entziehen.

Einziger §: Als Hehler werden nicht angesehen der Ehegatte, Verwandte auf- und absteigender Linie und die Seitenverwandten des Verbrechers bis zum dritten Grad nach bürgerlichem Recht, die eine der unter den Nummern 1, 2 und 5 dieses Artikels bezeichneten Handlungen begehen.

Art. 24. Es giebt keinen Hehler und keinen Mitschuldigen ohne einen Urheber; aber die Bestrafung eines Urhebers, Mitschuldigen oder Hehlers wird nicht von derjenigen der andern Täter des Verbrechens abhängig gemacht.

Art. 25. Bei Übertretungen ist weder die Mitschuld, noch die Hehlerei strafbar.

Kapitel IV.

Von der strafrechtlichen Verantwortlichkeit.

Art. 26. Verbrecher können nur diejenigen Personen sein, die die nötige Einsicht und Willensfreiheit haben.

Art. 27. Die strafrechtliche Verantwortlichkeit besteht in der Verpflichtung, den in der sittlichen Ordnung der Gesellschaft verursachten Schaden zu bessern, indem die im Gesetz aufgestellte und durch das zuständige Gericht auferlegte Strafe verbüfst wird.

Art. 28. Die strafrechtliche Verantwortlichkeit fällt einzig und persönlich auf die Täter von Verbrechen oder von Übertretungen.

Art. 29. Von der strafrechtlichen Verantwortlichkeit befreien nicht:

1. Die Unkenntnis des Strafgesetzes.
2. Die Täuschung über die Straffälligkeit der Tat.
3. Der Irrtum über die Person oder Sache, gegen die sich die straffällige Handlung richtet.
4. Die persönliche Überzeugung von der Gesetzmäfsigkeit des Zwecks oder der Beweggründe, die die Handlung bestimmt haben.
5. Die Zustimmung des Angegriffenen, mit Ausnahme der im Gesetz bestimmten besondern Fälle.
6. Die Absicht ein Verbrechen zu begehen, das von dem begangenen verschieden ist, auch wenn das geplante Verbrechen von geringerer Schwere ist.
7. Im allgemeinen irgend welche Tatsachen oder Umstände, wenn das Gesetz nicht ausdrücklich erklärt, dafs sie von der strafrechtlichen Verantwortlichkeit befreien.

§ 1. Die unter No. 1 und 2 dieses Artikels bezeichneten Umstände schwächen niemals die strafrechtliche Verantwortlichkeit ab.

§ 2. Der Irrtum über die Person, gegen die sich die strafbare Handlung richtet, erschwert oder mildert die strafrechtliche Verantwortlichkeit, je nach den Umständen.

§ 3. Der unter No. 6 bezeichnete Umstand kann in keinem Falle die straffällige Absicht aufheben, das Verbrechen kann daher wegen dieses Grundes nicht als rein fahrlässig bezeichnet werden.

Art. 30. Die strafrechtliche Verantwortlichkeit wird erschwert oder gemildert, wenn bei dem Verbrechen oder dem Täter erschwerende oder mildernde Umstände mitwirken.

Dieser Erschwerung oder Milderung entspricht die Erschwerung oder Milderung der Strafe.

Art. 31. Die bei dem Täter vorhandenen erschwerenden oder mildernden Umstände erschweren oder mildern nur die Verantwortlichkeit dieses Täters.

Art. 32. Die erschwerenden Umstände bezüglich der Straftat erschweren nur die Verantwortlichkeit der Täter, die davon Kenntnis haben, oder die sie vor dem Verbrechen oder während seiner Ausführung haben voraussetzen müssen.

Art. 33. Die strafrechtliche Verantwortlichkeit wegen Übertretung kann weder erschwert, noch gemildert werden, ausgenommen die Bestimmung in Art 36.

Art. 34. Es sind allein erschwerende Umstände:

1. Wenn das Verbrechen mit Vorbedacht begangen worden ist.

2. Wenn das Verbrechen als Ergebnis einer Schenkung oder eines Versprechens begangen worden ist.

3. Wenn das Verbrechen infolge davon begangen worden ist, dafs der Angegriffene nicht gesagt oder zugestimmt hat, dafs eine gegen das Recht oder die Sitte verstofsende Handlung begangen werde.

4. Wenn das Verbrechen als Mittel zur Ausführung eines andern Verbrechens begangen worden ist.

5. Wenn dem Verbrechen Angriffe, Drohungen oder Bedingungen vorausgegangen sind, etwas zu tun oder nicht zu tun.

6. Wenn dem Verbrechen ein mifslungenes oder versuchtes Verbrechen vorausgegangen ist.

7. Wenn das Verbrechen zwischen zwei oder mehreren Personen verabredet worden ist.

8. Wenn eine oder mehrere andre Personen zur Begehung des Verbrechens herbeigerufen worden sind.

9. Wenn das Verbrechen mit Hilfe von Personen begangen worden ist, die die Straflosigkeit erleichtern oder sichern könnten.

10. Wenn das Verbrechen von zwei oder mehr Personen begangen worden ist.

11. Wenn das Verbrechen mit Auflauern, Hinterhalt, Verkleidung, Überraschung, Verrat, Treulosigkeit, Überschreitung der Gewalt, Mifsbrauch des Vertrauens oder sonstigem Betrug begangen worden ist.

12. Wenn das Verbrechen mittels Einbruchs, Einsteigens oder oder falscher Schlüssel begangen worden ist.

13. Wenn das Verbrechen mit Gift, durch Überschwemmung, Brandlegung, Entzündung, Entgleisung der Lokomotive, Schiffbruch oder Beschädigung des Kahnes oder Schiffes, mit einem Werkzeug oder einer Waffe, deren Tragen und Gebrauch verboten ist, begangen worden ist.

14. Wenn das Verbrechen unter gleichzeitiger Anwendung verschiedener Mittel oder mit Beharrlichkeit es zu vollbringen, begangen worden ist, nachdem die ersten Versuche mifslungen sind.

15. Wenn das Verbrechen begangen worden ist, indem der Täter in das Haus des Angegriffenen eingetreten ist, oder versucht hat einzutreten.

16. Wenn das Verbrechen im Wohnhause des Täters begangen worden ist und keine Herausforderung des Angegriffenen stattgefunden hat.

17. Wenn das Verbrechen an geweihten Orten, im Gericht oder in Staatsgebäuden stattgefunden hat.

18. Wenn das Verbrechen auf der Landstrafse oder an einsamem Orte begangen worden ist.

19. Wenn das Verbrechen nachts begangen worden ist und die Schwere des Verbrechens nicht verstärkt wird auf Grund des aus der Öffentlichkeit entstehenden Ärgernisses.

20. Wenn das Verbrechen irgendwie öffentlich oder derart begangen worden ist, dafs seine Ausführung gesehen werden kann, in den Fällen, in denen die Schwere des Verbrechens durch das Ärgernis der Öffentlichkeit gesteigert wird.

21. Wenn das Verbrechen unter Mifsachtung eines Staatsbeamten bei der Ausübung seiner Befugnisse begangen worden ist.

22. Wenn das Verbrechen bei Gelegenheit von Brand, Schiffbruch, Erdbeben, Überschwemmung, Todesfall, sonstigem öffentlichem Notstand oder besonderm Mifsgeschick des Angegriffenen begangen worden ist.

23. Wenn das Verbrechen mit Grausamkeit, Beraubung oder unnötiger Zerstörung bei der Ausübung begangen worden ist.

24. Wenn das Verbrechen begangen worden ist, indem der Täter seine Eigenschaft als Beamter geltend gemacht hat.

25. Wenn das Verbrechen begangen worden ist und der Täter die besondere Pflicht hatte, es nicht zu begehen, entgegenzuwirken, dafs es begangen wurde, oder zu seiner Bestrafung beizutragen.

26. Wenn das Verbrechen begangen worden ist und der Täter Wohltaten des Angegriffenen empfangen hat, sofern dieser den Angriff, der die Ausübung des Verbrechens verursacht, nicht herausgefordert hat.

27. Wenn das Verbrechen begangen worden ist und der Angegriffene der Verwandte ab- oder aufsteigender Linie, der Gatte oder Verwandte bis zum zweiten Grade nach bürgerlichem Recht, Meister

oder Schüler, Vormund oder Mündel, Herr oder Diener oder auf sonstige Art gesetzmäfsiger Vorgesetzter oder Untergebener des Täters ist.

28. Wenn das Verbrechen mit offenbarer Überlegenheit auf Grund des Alters, Geschlechtes oder der Waffe begangen worden ist.

29. Wenn das Verbrechen unter Mifsachtung der dem Geschlecht, Alter oder der Krankheit des Angegriffenen schuldigen Rücksicht begangen worden ist.

30. Wenn das Verbrechen begangen worden ist und der Angegriffene unter der unmittelbaren Obhut der Staatsbehörde war.

31. Wenn das Ergebnis des Verbrechens aufser dem Übel des Verbrechens ein andres Übel ist.

32. Wenn das Übel des Verbrechens durch irgend einen schmählichen Umstand vermehrt worden ist.

33. Wenn Rückfall oder Aufeinanderfolge von Verbrechen vorliegt.

34. Wenn Häufung von Verbrechen vorhanden ist.

Art. 35. Rückfälligkeit liegt vor, wenn der Täter, nachdem er durch rechtskräftig gewordenen Richterspruch wegen eines Verbrechens verurteilt worden ist, ein andres Verbrechen derselben Art verübt, bevor acht Jahre seit der genannten Verurteilung vergangen sind, selbst wenn die Strafe für das erste Verbrechen verjährt oder erlassen worden ist.

§ 1. Wenn die Strafe für das erste Verbrechen erlassen worden ist, so liegt kein Rückfall vor.

§ 2. Wenn eines der Verbrechen vorsätzlich, und das andre einfach verschuldet ist, so ist kein Rückfall vorhanden.

§ 3. Die Verbrechen können derselben Art sein, auch wenn sie nicht beide, oder eines von ihnen, vollendet worden sind.

§ 4. Für die Rückfälligkeit kommen diejenigen Verurteilungen nicht in Anrechnung, die von den Militärgerichten für militärische, im Strafgesetzbuch nicht vorgesehene Verbrechen ausgesprochen worden sind; ebensowenig werden die durch fremde Gerichte ausgesprochenen Verurteilungen für Verbrechen, die im Strafgesetzbuch vorgesehen und danach strafbar sind, für die Rückfälligkeit angerechnet.

§ 5. Die Rückfälligkeit wird nicht durch den Umstand ausgeschlossen, dafs der Täter Urheber des einen und Mitschuldiger des andern Verbrechens gewesen ist.

Art. 36. Bei den Übertretungen liegt Rückfall vor, wenn der wegen einer Übertretung verurteilte Täter vor Ablauf von sechs Monaten seit der genannten Bestrafung eine gleiche Übertretung begeht.

Art. 37. Aufeinanderfolge von Verbrechen nach dem Art. 35 wird stets festgestellt, wenn die Verbrechen nicht derselben Art sind, und ohne Rücksicht auf die, zwischen der ersten Verurteilung und dem zweiten Verbrechen liegende Zeit, oder stets, wenn bei Verbrechen derselben Art mehr als acht Jahre, zwischen der endgiltigen Verurteilung für das erste Verbrechen und der Begehung des zweiten verflossen sind.

Einziger §: Für die Wirkungen der Bestimmung des Art. 101 und seiner Paragraphen ist auf die Aufeinanderfolge von Verbrechen das in den §§ 2 und 5 des Art. 35 Festgesetzte anwendbar.

Art. 38. Die Häufung von Verbrechen ergibt sich, wenn der Täter mehr als ein Verbrechen bei derselben Gelegenheit verübt, oder wenn er nach Verübung des einen ein zweites begeht, bevor er für das frühere durch rechtskräftig gewordenen Richterspruch verurteilt worden ist.

Einziger §: Wenn dieselbe Handlung in zwei oder mehreren gesetzlichen Bestimmungen vorgesehen ist und danach bestraft wird, als bilde sie verschiedene Verbrechen, so ergibt sich nicht die Häufung von Verbrechen.

Art. 39. Es sind mildernde Umstände der strafrechtlichen Verantwortlichkeit des Täters:

1. Die frühere gute Führung.
2. Die Leistung hervorragender Dienste für die Gesellschaft.
3. Ein geringeres Alter als vierzehn (wenn strafbar), achtzehn oder einundzwanzig, oder ein höheres als siebzig Jahre.
4. Herausgefordert zu sein, wenn das Verbrechen unmittelbar nach der Herausforderung begangen worden ist, wobei letztere, wenn sie im unmittelbaren Angriff der Ehre der Person besteht, als schwere Vergewaltigung im Sinne des Art. 370 angesehen werden kann.
5. Die Absicht, ein Übel zu vermeiden oder diejenige, ein geringeres Übel hervorzubringen.
6. Die unvollkommene Kenntnis des Bösen des Verbrechens.
7. Der körperliche Zwang, wenn überwindlich.
8. Die Unbedachtsamkeit oder unvollkommene Kenntnis der aus dem Verbrechen entstehenden Übel.
9. Das freiwillige Geständnis des Verbrechens.
10. Der freiwillige Ersatz des Schadens.
11. Der Befehl oder der Rat seines Verwandten aufsteigender Linie, Vormundes, Erziehers oder Dienstherrn, wenn der Täter minderjährig und nicht selbständig ist.
12. Die Erfüllung des Befehls des Rangoberen des Täters, wenn des letzteren Rechtfertigung nicht genügend vorhanden ist.
13. Wenn der Täter das Verbrechen verübt hat, um sich selbst, seinen Ehegatten, Verwandten auf- und absteigender Linie, seine Brüder, Oheime, Neffen. oder Verwandten in denselben Graden für eine Beleidigung oder einen Angriff unmittelbar nach dem Angriff zu rächen.
14. Das plötzliche Ungestüm, durch etwas erweckt, das die gerechte allgemeine Empörung hervorruft.

15. Die überwindliche Furcht.

16. Die Widersetzlichkeit gegen die Anordnungen des Rangoberen, wenn der Gehorsam nicht pflichtschuldig ist und wenn die Erfüllung des Befehls ein schwereres Verbrechen bilden würde.

17. Die Überschreitung der gesetzmäfsigen Notwehr, unbeschadet der Bestimmung im Art. 378.

18. Die freiwillige Gestellung vor den Behörden.

19. Die Ersetzbarkeit des verursachten Schadens oder seine geringe Bedeutung.

20. Die Nennung der andern Täter, Entdeckung der Werkzeuge des Verbrechens oder des Tatbestandes, sofern die Enthüllung wahrheitgemäfs und der Tätigkeit des Gerichts nützlich ist.

21. Die Trunkenheit, wenn sie ist: 1. unvollständig und unvorhergesehen, es sei nach dem Planen des Verbrechens oder nicht; 2. unvollständig, beabsichtigt, ohne verbrecherischen Zweck und nicht nach dem Planen des Verbrechens; 3. vollständig, beabsichtigt, ohne verbrecherischen Zweck und nach dem Planen des Verbrechens.

22. Die ausdrücklich als solche in den im Gesetz vorgesehenen Sonderfällen gekennzeichnet werden.

23. Im allgemeinen sonstige andre Umstände, die dem Verbrechen vorausgehen, es begleiten oder ihm folgen, wenn sie die Schuld des Täters abschwächen oder auf irgend eine Art die Schwere des Verbrechens oder seiner Ergebnisse verringern.

Art. 40. Die als erschwerend bezeichneten Umstände hören auf es zu sein:

1. Wenn das Gesetz sie ausdrücklich als gestaltenden Bestandteil des Verbrechens ansieht.

2. Wenn sie derart untrennbar von dem Verbrechen sind, dafs ohne sie die von dem Gesetz bestrafte verbrecherische Handlung nicht begangen werden kann.

3. Wenn das Gesetz ausdrücklich erklärt, oder die Umstände und die Sonderart des Verbrechens angeben, dafs sie die strafrechtliche Verantwortlichkeit der Täter, bei denen sie mitwirken, nicht erschweren oder mildern dürfen.

Einziger §: Wenn irgend einer der im Art. 34 bezeichneten Umstände ein Verbrechen darstellt, so erschwert er die strafrechtliche Verantwortlichkeit des Täters nur durch die Tatsache der Häufung von Verbrechen.

Art. 41. Aufhebende Umstände der strafrechtlichen Verantwortlichkeit sind:

1. Der Mangel an Zurechnungsfähigkeit.
2. Die Rechtfertigung der Handlung.

Art. 42. Nicht zurechnungsfähig sind:

1. Die Minderjährigen von zehn Jahren.
2. Die Geisteskranken, die keine lichten Unterbrechungen haben.

Art. 43. Zurechnungsfähigkeit haben nicht:

1. Die Minderjährigen von mehr als zehn und weniger als vierzehn Jahren, die ohne Unterscheidungsvermögen gehandelt haben.

2. Die Geisteskranken, die, obgleich sie lichte Unterbrechungen haben, die Tat im Zustande geistiger Umnachtung verübt haben.

3. Die aus irgend einem andern, von ihrem Willen unabhängigen Grunde im Augenblick des Begehens der Straftat zufällig des Gebrauchs ihrer Geisteskräfte beraubt sind.

Einziger §: Die Fahrlässigkeit oder Schuld wird stets als Handlung oder Unterlassung, die vom Willen abhängig ist, angesehen.

Art. 44. Die Handlung rechtfertigen:

1. Die durch fremde, körperliche und unwiderstehliche Gewalt hingerissen die Tat begehen.

2. Die durch unüberwindliche Furcht vor einem gleichen oder gröfseren Übel, das unmittelbar bevorsteht oder im Beginn der Ausführung ist, bezwungen die Tat begehen.

3. Die Untergebenen, die auf Grund des, ihren rechtmäfsigen Oberen gesetzlich schuldigen Gehorsams die Tat begehen, ausgenommen, wenn Überschreitung in den Handlungen oder in der Form der Ausführung vorliegt.

4. Die auf Grund gesetzlicher Ermächtigung in der Ausübung eines Rechtes oder in der Erfüllung einer Verpflichtung die Tat begehen, wenn sie mit gebührender Achtsamkeit handeln oder die Tat ein rein zufälliges Ergebnis ist.

5. Die in berechtigter Notwehr für sich oder andre die Tat begehen.

6. Die eine Handlung begehen, deren Strafbarkeit nur aus besondern, bei dem Angegriffenen und der Handlung mitwirkenden unbekannten Umständen eintritt, und wenn keine Verpflichtung besteht, das Vorhandensein dieser Sonderumstände zu kennen.

7. Im allgemeinen, die ohne verbrecherische Absicht und Verschuldung vorgehen.

Art. 45. Die Rechtfertigung der Handlung nach den Bestimmungen der No. 2 des vorhergehenden Artikels kann nur festgestellt werden. wenn die folgenden Erfordernisse zusammenwirken:

1. Wirkliches Vorhandensein des Übels.

2. Unmöglichkeit, auf die Staatsgewalt zurückzugreifen.

3. Unmöglichkeit berechtigter Notwehr.

4. Fehlen eines andern weniger schädlichen Mittels, als die verübte Tat ist.

5. Wahrscheinlichkeit der Wirksamkeit des angewendeten Mittels.

Art. 46. Die Rechtfertigung der Handlung nach den Bestimmungen der No. 5 des Art. 44 kann nur festgestellt werden, wenn die folgenden Erfordernisse zusammenwirken:

1. Der in Ausführung begriffene oder unmittelbar bevorstehende ungesetzliche Angriff, der nicht durch Herausforderung, Beleidigung

oder ein sonstiges Verbrechen, von dem in der Notwehr Befindlichen ausgeführt, begründet ist.

2. Unmöglichkeit, auf die Staatsgewalt zurückzugreifen.

3. Vernunftgemäfse Notwendigkeit des angewendeten Mittels, um den Angriff abzuwenden oder zu unterbrechen.

Art. 47. Die Geisteskranken, die bei Begehung der Handlung von strafrechtlicher Verantwortlichkeit frei sind, werden ihren Familien zur Obhut übergeben oder in Irrenanstalten untergebracht, wenn die Krankheit gemeingefährlich ist, oder wenn ihr Zustand es zu gröfserer Sicherheit erfordert.

Art. 48. Die Minderjährigen, die bei Begehung der Tat von strafrechtlicher Verantwortlichkeit frei sind, weil sie nicht zehn Jahre alt sind, oder ohne Unterscheidungsvermögen gehandelt haben, sofern sie älter als zehn und jünger als vierzehn Jahre sind, werden ihren Eltern oder Vormündern, oder einer Besserungsanstalt, oder einer Strafansiedelung, wenn solche auf dem Festlande vorhanden ist, übergeben.

Art. 49. Die Minderjährigen, auf die sich der vorige Artikel bezieht, können einer Besserungsanstalt nur in einem der folgenden Fälle übergeben werden:

1. Wenn sie Landstreicher sind.

2. Wenn sie keine Eltern oder Vormünder haben.

3. Wenn diese nicht geeignet sind.

4. Wenn diese nicht die nötigen Mittel haben oder sich weigern, ihnen eine geeignete Erziehung zu geben.

5. Wenn diese ihre Zustimmung geben.

6. Wenn die Minderjährigen ein andres, nur wegen des Lebensalters nicht bestraftes Verbrechen begangen haben.

Art. 50. Die absichtliche oder zufällige Beraubung der Willensfreiheit, einschliefslich der absichtlichen und vollständigen Trunkenheit, im Augenblick der Begehung der Straftat hebt die strafrechtliche Verantwortlichkeit nicht auf, trotzdem sie nicht in der Absicht, die Tat zu begehen, erworben worden ist, aber sie bildet einen mildernden Umstand besonderer Art, wenn einer der folgenden Fälle festgestellt wird:

1. Wenn die Willensunfreiheit oder die Trunkenheit vollkommen und unvorhergesehen ist, sei es nach dem Planen des Verbrechens oder nicht.

2. Wenn sie vollständig, ohne strafbare Absicht und nicht nach dem Planen des Verbrechens herbeigeführt ist.

Art. 51. Die Befreiung von der strafrechtlichen Verantwortlichkeit schliefst nicht die Befreiung von etwa vorhandener zivilrechtlicher Verantwortlichkeit in sich.

Art. 52. Strafrechtliche Verantwortlichkeit haben alle Täter strafbarer Handlungen, bei denen nicht ein Umstand mitwirkt, der nach Art. 41 und den folgenden Artikeln diese Verantwortlichkeit aufhebt, vorbehaltlich der in den Gesetzen ausgedrückten Ausnahmen.

Art. 53. Das Strafgesetz ist anwendbar, wenn nicht ein gegenteiliger Vertrag vorhanden ist:

1. Auf alle, auf portugiesischem Gebiete oder in portugiesischen Besitzungen begangenen Rechtsverletzungen, wie auch die Staatsangehörigkeit des Täters sein möge.

2. Auf die Verbrechen, die an Bord eines portugiesischen Schiffes auf hohem Meer, eines portugiesischen Kriegsschiffes im fremden Hafen, oder eines portugiesischen Handelsschiffes im fremden Hafen begangen sind, wenn die Straftaten nur zwischen Leuten der Besatzung stattgefunden haben und die Ruhe des Hafens nicht gestört worden ist.

3. Auf die Verbrechen, die von einem Portugiesen im Auslande, gegen die innere oder äufsere Sicherheit des Staates, durch Fälschung von Staatsstempeln, portugiesischen Münzen, Staatsschuldenpapieren oder Noten der Landesbank, von Gesellschaften oder gesetzlich zur Ausgabe dieser Noten ermächtigten Anstalten begangen worden sind, wenn die Verbrecher nicht in dem Lande, wo sie sich vergehen, verurteilt worden sind.

4. Auf die Fremden, die eines dieser Verbrechen begangen haben, sobald sie auf portugiesischem Gebiet erscheinen oder ihre Einlieferung erreicht werden kann.

5. Auf irgend ein andres Verbrechen oder Vergehen, von einem Portugiesen im Auslande begangen, wenn die folgenden Erfordernisse festgestellt werden:

a) Wenn der Verbrecher oder Täter in Portugal getroffen wird.

b) Wenn die Tat auch von der Gesetzgebung des Landes, wo sie begangen worden ist, als Verbrechen oder Vergehen gekennzeichnet wird.

c) Wenn der Verbrecher oder Täter in dem Lande, wo er das Verbrechen oder Vergehen begangen hat, nicht verurteilt worden ist.

§ 1. Ausgenommen werden von der in No. 1 dieses Artikels aufgestellten Regel die Rechtsverletzungen, die an Bord eines fremden Kriegsschiffes im portugiesischen Hafen oder Landesgewässer, oder an Bord eines fremden Handelsschiffes begangen werden, wenn sie nur unter der Besatzungsmannschaft stattfinden und die Ruhe des Hafens nicht stören.

§ 2. Wenn auf die Vergehen, von denen die No. 5 handelt, Besserungsstrafen anwendbar sind, so leitet die Staatsanwaltschaft das betreffende Verfahren nicht ein, wenn nicht eine Klage des Verletzten oder eine amtliche Mitteilung der Behörde des Landes vorliegt, wo die erwähnten Vergehen begangen worden sind.

§ 3. Wenn in den Fällen der Nummern 3 und 5 der Verbrecher oder Täter am Ort des Verbrechens oder Vergehens verurteilt worden ist und sich der Verbüſsung der ganzen oder eines Teils der Strafe entzogen hat, so wird ein neues Verfahren vor den portugiesischen Gerichten eingeleitet, die, wenn sie das Verbrechen oder Vergehen als erwiesen betrachten, dafür die nach unserer Gesetzgebung entsprechende Strafe auferlegen, wobei dem Angeklagten der bereits verbüſste Teil angerechnet wird.

Titel II.

Von den Strafen und ihren Wirkungen.

Kapitel I.

Von den Strafen.

Art. 54. Die durch dieses Gesetzbuch auferlegten Strafen sind die in den folgenden Artikeln genannten.

Art. 55. Die höheren Strafen, gemäſs dem Zellengefängniswesen, sind:

1. Einzelhaft von acht Jahren im Zellengefängnis und darauf folgende Verbannung auf zwanzig Jahre, mit Haft am Orte der Verbannung bis zu zwei Jahren, oder ohne Haft je nach der Ansicht des Richters.
2. Einzelhaft von acht Jahren im Zellengefängnis und darauf folgende Verbannung auf zwölf Jahre.
3. Einzelhaft von sechs Jahren im Zellengefängnis und darauf folgende Verbannung auf zehn Jahre.
4. Einzelhaft von vier Jahren im Zellengefängnis und darauf folgende Verbannung auf acht Jahre.
5. Einzelhaft von zwei bis zu acht Jahren im Zellengefängnis.

Art. 56. Die Strafe des Zellengefängnisses ist durch das Gesetz vom 1. Juli 1867 aufgestellt worden.

Art. 57. Die gemäſs dem Art. 129 nach Wahl anwendbaren höheren Strafen sind die folgenden:

1. Die feste Strafe der Verbannung auf 28 Jahre mit Haft am Orte der Verbannung von acht bis zu zehn Jahren.
2. Die feste Strafe der Verbannung auf 25 Jahre.
3. Die feste Strafe der Verbannung auf 20 Jahre.
4. Die feste Strafe der Verbannung auf 15 Jahre.
5. Zeitige Zuchthausstrafe.
6. Zeitige Verbannung.
7. Austreibung aus dem Königreiche ohne Zeitgrenze.
8. Austreibung aus dem Königreiche auf bestimmte Zeit.
9. Die feste Strafe der Absprechung der bürgerlichen Ehrenrechte für die Zeit von 15 oder 20 Jahren.

Art. 58. Die Besserungsstrafen sind:

1. Die Besserungshaft.

2. Die Verweisung.
3. Die zeitige Absprechung der bürgerlichen Ehrenrechte.
4. Die Geldstrafe.
5. Die Zurechtweisung.

Art. 59. Die besonderen Strafen für Staatsbeamte sind:
1. Entlassung.
2. Amtsenthebung.
3. Verweis.

Art. 60. Die Strafe der Verbannung, sie sei fest oder zeitig, verpflichtet den Verurteilten, in dem befestigten Platz oder der Strafansiedelung im Überseegebiet zu wohnen und nach den Bestimmungen der Besitzung, in die er geschickt wird, zu arbeiten.

§ 1. Die Bestimmung dieses Artikels ist auf die Fälle ausdehnbar, in denen die Verbannung als Ergänzung, zur Einzelhaft im Zellengefängnis, verhängt wird.

§ 2. Die Strafe der Verbannung wird stets in Afrika verbüſst, und auf sie ist die Bestimmung im einzigen §: des Artikels 4 des Gesetzes vom 1. Juli 1867 anwendbar.

§ 3. Die zeitige Strafe der Verbannung kann nicht geringer als drei Jahre sein und darf zwölf nicht überschreiten.

Art. 61. Die zeitige Zuchthausstrafe verpflichtet den Verurteilten, innerhalb der Festung, des Gefängnisses oder der Anstalt, wo er die Strafe verbüſst, nach seinen Anlagen und seiner Geschicklichkeit zu arbeiten; der Erlös wird nach den Bestimmungen des Artikels 23 des Gesetzes vom 1. Juli 1867 verwendet.

§ 1. Auf die zur Zuchthausstrafe Verurteilten ist die Bestimmung in den Artikeln 24, § und 25 des Gesetzes vom 1. Juli 1867 anwendbar.

§ 2. Die zeitige Zuchthausstrafe darf nicht weniger als drei Jahre betragen und zwölf nicht überschreiten.

§ 3. Solange es keine zur Arbeit der Gefangenen geeigneten Anstalten gibt, wird die Haft mit Arbeit durch verschärfte Verbannung ersetzt.

Art. 62. Der zur Austreibung aus dem Königreiche ohne Zeitgrenze Verurteilte wird auf zwanzig Jahre aus dem Königreiche verwiesen, wenn ihm nicht vorher die Strafe durch Gnadenerlaſs ermäſsigt, oder ihre Dauer durch die ausführende Gewalt ausgedehnt worden ist, so daſs die Gesamtheit dieser Dauer dreiſsig Jahre nicht überschreitet.

Einziger §: Die Strafe der Austreibung aus dem Königreiche auf bestimmte Zeit darf nicht geringer als drei Jahre sein und zwölf nicht überschreiten.

Art. 63. Die feste Strafe der Absprechung der bürgerlichen Ehrenrechte besteht in der Unfähigkeit auf fünfzehn oder zwanzig Jahre in irgend einer Art an der Ausübung oder der Einrichtung der Staatsgewalt teilzunehmen.

Art. 64. Die Besserungshaft findet im Gefängnis oder in einer zu diesem Zweck bestimmten Staatsanstalt statt.

Einziger §: Diese Strafe verpflichtet nicht zur Arbeit und darf zwei Jahre nicht überschreiten.

Art. 65. Die Strafe der Verweisung verpflichtet den Schuldigen, an dem durch den Urteilspruch bestimmten Orte zu bleiben, im Königreiche oder auf der Insel, wo das Verbrechen begangen worden ist, oder für einen Zeitraum aus dem Sprengel zu gehen, was nicht über drei Jahre sein darf.

Art. 66. Die zeitige Absprechung der bürgerlichen Ehrenrechte besteht in der Entziehung der Ausübung aller oder einiger der staatsbürgerlichen Rechte für eine Zeit, die nicht geringer als drei Jahre ist und zwölf nicht überschreiten darf.

Art. 67. Der zu Geldstrafe Verurteilte ist verpflichtet, an den Staat einen, zu seinem Einkommen im Verhältnis stehenden Betrag zu zahlen, der für eine Zeit bis zu drei Jahren durch Richterspruch derart verhängt wird, dafs er für den Tag nicht geringer als 100 Reis ist und 2000 Reis nicht übersteigt, vorbehaltlich der Fälle, in denen das Gesetz bestimmte Beträge festsetzt.

Art. 68. Die Strafe der Zurechtweisung verpflichtet den Verurteilten, zu öffentlicher Sitzung des betreffenden Gerichts zu erscheinen, um dort zurechtgewiesen zu werden.

Art. 69. Der besondern Überwachung durch die Polizei werden diejenigen unterworfen, die auf Grund ausdrücklicher Bestimmung des Gesetzes durch Richterspruch dazu verurteilt werden.

Art. 70. Durch die Unterstellung unter die besondere Polizeiaufsicht ist der Verurteilte verpflichtet, nicht an den Orten zu erscheinen, die die Regierung ihm bezeichnet, und er ist gleichfalls verpflichtet, vor seiner Freilassung den Ort anzugeben, wo er seinen Wohnsitz nehmen will, um ein Ausweispapier zu erhalten, das den Reiseweg regelt und das er der Verwaltungsbehörde dieses Ortes sofort vorzeigt, indem er vor dieser Behörde eine gleiche Erklärung abgibt; diese Bestimmung ist ebenfalls zu beobachten, falls er den Aufenthalt wechseln will.

Art. 71. Die Strafe der Entlassung oder des Verlustes des Amtes erfolgt mit der Erklärung der Unfähigkeit, irgend ein Amt wieder zu bekleiden, und sie kann ohne diese Erklärung verhängt werden.

Einziger §: Es ist stets die Entlassung des öffentlichen Beamten auszusprechen, wenn dieser, aufserhalb der Ausübung seiner Obliegenheiten, Hehler einer gestohlenen oder geraubten Sache ist, oder das Verbrechen der Fälschung, des Diebstahls, Raubes, Betruges, Vertrauensbruchs begeht, und wenn die im Gesetz bestimmte Strafe Besserungshaft ist, in den Fällen, in denen die Staatsanwaltschaft unabhängig von der Klage des Beteiligten anklagt.

Art. 72. Die Enthebung von der Ausübung des Amtes darf drei Jahre nicht überschreiten.

Art. 73. Die Strafe des Verweises der öffentlichen Beamten kann einfach oder streng, mit den in dem betreffenden Disziplinargesetz bestimmten Förmlichkeiten, verhängt werden.

Kapitel II.

Von den Wirkungen der Strafen.

Art. 74. Die Verurteilung des Straffälligen hat, sobald sie Rechtskraft erlangt, nur die in den folgenden Artikeln angegebenen Wirkungen.

Art. 75. Der endgiltig verurteilte Angeschuldigte, wie auch die Strafe sei, verfällt:

1. In den Verlust der Werkzeuge des Verbrechens zu Gunsten des Staates, wenn der Angegriffene oder eine dritte Person kein Recht auf ihre Erstattung haben.

2. In die Verpflichtung, dem Angegriffenen die Sachen zu ersetzen, die er ihm durch das Verbrechen entzogen hat, oder ihm ihren gesetzlich festgestellten Wert zu bezahlen, wenn die Ersetzung nicht möglich ist, und sofern der Angegriffene oder seine Erben diese Zahlung beantragen.

3. In die Verpflichtung, den Angegriffenen für den verursachten Nachteil zu entschädigen, wenn der Angegriffene oder seine Erben die Entschädigung beantragen.

4. In die Verpflichtung, die Kosten des Verfahrens und die Ausgaben der Verbüfsung zu bezahlen.

Art. 76. Der endgiltig zu einer höheren Strafe Verurteilte verfällt:

1. In den Verlust irgend eines Amtes oder öffentlicher Befugnisse, Würden, Titel, des Adels oder von Ordensauszeichnungen.

2. In die Unfähigkeit zu wählen, gewählt oder zu irgend welchen amtlichen Befugnissen ernannt zu werden.

3. In die Unfähigkeit, Vormund, Sachwalter, Anwalt in Rechtsgeschäften, oder Mitglied des Familienrates zu sein.

Art. 77. Der endgiltig zu der Strafe der Besserungshaft, der zeitigen Aberkennung der bürgerlichen Ehrenrechte oder der Verweisung Verurteilte verfällt:

1. In die Enthebung von irgend einem Amte oder von öffentlichen Befugnissen.

2. In die unter den Nummern 2 und 3 des vorigen Artikels aufgestellten Unfähigkeiten.

Art. 78. Die Unfähigkeiten, von denen der Artikel 76, No. 2 und 3 und der Artikel 77, No. 2 handelt, sowie die in dem letztern Artikel, No. 1 verfügte Enthebung hören von selbst mit dem Erlöschen der Strafe auf, die sie bewirkt hatte.

Art. 79. Abgesehen von dem Falle der Aberkennung aller bürgerlichen Ehrenrechte erfolgt die Enthebung von den Ehren und Auszeichnungen des Adelstandes, dem Gebrauche von Orden, dem Rechte Waffen zu tragen, zu unterrichten oder eine Unterrichtsanstalt zu leiten oder bei ihrer Leitung mitzuwirken, von der Fähigkeit Vormund oder Sachwalter oder Mitglied eines Familienrates zu sein, Anwalt vor Gericht, Zeuge bei einem feierlichen und beglaubigenden Vorgange zu sein, sowie die Enthebung von der Ausübung einer Befugnis, zu der eine Urkunde nötig ist, nur, wenn das Gesetz es ausdrücklich erklärt.

Art. 80. Die Aberkennung eines der bürgerlichen Ehrenrechte auf bestimmte Zeit bewirkt in Beziehung auf die Staatsbeamten die Enthebung von der Ausübung des Amtes solange jene dauert.

Art. 81. Der zur Strafe der Entlassung aus dem Amte Verurteilte verfällt:

1. In die Unfähigkeit, in demselben Amte wieder zu dienen.
2. In den Verlust des Rechtes, mit Ruhegehaltsansprüchen für die vor der Verurteilung geleisteten Staatsdienste aus dem Amte zu scheiden.

Art. 82. Die Kirchenstrafen haben keinerlei bürgerlich-rechtliche Wirkung.

Art. 83. Die Wirkungen der Strafen finden auf Grund des Gesetzes statt, unabhängig von irgend einer Erklärung in dem verurteilenden Richterspruch.

Titel III.

Von der Verhängung und Vollstreckung der Strafen.

Kapitel I.

Von der Verhängung der Strafen im allgemeinen.

Art. 84. Es kann keinerlei Strafe verhängt werden, die nicht im Gesetz verfügt ist.

Art. 85. Keine Strafe kann durch eine andre ersetzt werden außer in den Fällen, in denen das Gesetz dazu ermächtigt.

Art. 86. Wenn irgendwelche der in den Nummern 2, 3 und 4 des Artikels 55 und in den Nummern 2, 3 und 4 des Artikels 57 aufgestellten festen Strafen verhängt werden, so verfügt der Richter diese Strafen, ohne die gesetzliche Grenze ihrer Dauer zu überschreiten oder abzukürzen, vorbehaltlich der Fälle, in denen das Gesetz ihn ausdrücklich ermächtigt.

> Einziger §: Die Bestimmung in diesem Artikel ist gleichfalls auf alle Sonderfälle ausdehnbar, in denen das Gesetz die Dauer der Strafe genau festsetzt.

Art. 87. Wenn die in der No. 1 des Artikels 55 und in der No. 1 des Artikels 57 festgesetzten Strafen anwendbar sind, so hat der Richter die Bestimmung in dem vorhergehenden Artikel zu beobachten, kann aber mit Rücksicht auf die Schwere des Verbrechens, auch wenn keine erschwerenden Umstände vorliegen, mit Beziehung auf die erste jener Strafen im Urteilspruch anordnen, dafs der Verurteilte am Orte der Verbannung bis zu zwei Jahren der Verbannungszeit im Gefängnis verbüfse, und mit Beziehung auf die zweite Strafe, dafs die Gefängniszeit am Orte der Verbannung bis zu zehn Jahren erhöht werde.

Art. 88. Wenn irgend eine zeitige Strafe (von veränderlicher Dauer zwischen dem durch Gesetz festgesetzten Höchst- und Mindestmafs) verhängt wird, so setzt der Richter in dem Urteilspruch die Dauer dieser Strafe innerhalb des gesetzlichen Höchst- und Mindestmafses fest, wobei er die Schwere des Verbrechens berücksichtigt.

Einziger §: Wenn die zeitigen höheren Gefängnis- oder Verbannungsstrafen drei Jahre nicht überschreiten, so ist der Verurteilte nicht zur Arbeit verpflichtet, ausgenommen, wenn er nicht die Mittel hat, seinen Unterhalt zu bestreiten.

Art. 89. Für die Wirkung der Verurteilungen zu Einzelhaft im Zellengefängnis und wahlweise zu den zeitigen höheren Strafen haben die Richter die folgende Übersicht der gleichen Wertmessungen zu berücksichtigen:

1. Die Zeit der Einzelhaft im Zellengefängnis ist gleich zwei Dritteln der zeitigen Zuchthausstrafe.

2. Die Zeit der Einzelhaft im Zellengefängnis ist nicht geringer als sechs Zehntel und nicht höher als zwei Drittel zeitiger Verbannung.

§ 1. Die Bestimmung in No. 2 der Übersicht, von der dieser Artikel handelt, ist zur Verschärfung oder Milderung der festen Strafen anwendbar.

§ 2. Die Geldstrafe als Zusatz zu der wahlweise auferlegten Strafe ist ebenfalls stets Zusatz zur Zuchthausstrafe.

Art. 90. Wenn eine Person, die keine politischen Rechte hat oder ausübt, ein Verbrechen begeht und die durch das Gesetz verfügte Strafe die feste Strafe der Aberkennung der bürgerlichen Ehrenrechte auf zwanzig Jahre ist, so wird sie durch Besserungshaft ersetzt. Wenn die zeitige Aberkennung der Ausübung aller oder einiger dieser Rechte zu verhängen ist, so wird sie durch Gefängnis bis zu einem Jahre ersetzt.

Kapitel II.

Von der Verhängung der Strafen, wenn erschwerende oder mildernde Umstände vorliegen.

Art. 91. Wenn in den Fällen, in denen die Strafe verhängt wird, von der der Artikel 55 No. 1 handelt, oder wahlweise die in No. 1 des Artikels 57, erschwerende oder mildernde Umstände vorliegen, die im Gesetz nicht besonders und ausdrücklich als solche angesehen werden, die die gröfsere oder geringere Schwere dieses Verbrechens kennzeichnen, so ist bei der Bestimmung der entsprechenden Strafe, je nach dem gröfseren oder geringeren Einflufs der Schuld des Verbrechers, die Vorschrift der folgenden Paragraphen zu beobachten:

§ 1. Die Strafe des Artikels 55 No. 1 wird nach den Bestimmungen des Artikels 87 verschärft, oder aufserdem durch Erhöhung der Strafe betreffs der Dauer des Zuchthauses, das auf zehn Jahre erhöht werden kann.

§ 2. Dieselbe Strafe kann gemildert werden entweder durch ihre Verhängung ohne Gefängnis am Verbannungsorte, oder aufserdem durch Verminderung betreffs der Dauer des Zuchthauses, das in keinem Falle weniger als sechs Jahre betragen darf.

§ 3. Die Strafe der No. 1 des Artikels 57 wird verschärft und gemildert innerhalb der Höchst- und Mindestzeit des Gefängnisses am Verbannungsorte, oder aufserdem vermehrt oder vermindert betreffs der Dauer, mit drei Jahren mehr oder weniger Verbannung.

Art. 92. Die festen Strafen der Verbannung auf 25, 20 und 15 Jahre werden, betreffs der Dauer, verschärft oder gemildert durch Vermehrung oder Herabsetzung um drei Jahre.

Art. 93. Die zeitigen Zuchthaus- und Verbannungsstrafen werden, betreffs der Dauer, innerhalb der Höchst- und Mindestzeit dieser Strafen verschärft oder gemildert, ausgenommen die Bestimmung in No. 2 des folgenden Artikels.

Art. 94. In aufserordentlichen Fällen können die Richter, unter Berücksichtigung der Zahl und der Wichtigkeit der mildernden Umstände:

1. Die schwereren festen Strafen durch die milderen festen Strafen oder auch durch die zeitigen Zuchthaus- und Verbannungsstrafen ersetzen.

2. Die zeitigen Zuchthausstrafen und Verbannungen auf zwei Jahre Zuchthaus, und die Einzelhaft im Zellengefängnis auf ein Jahr herabsetzen, oder sie durch Besserungshaft von nicht weniger als achtzehn Monaten ersetzen.

Einziger §: Die Richter können nach den Bestimmungen dieses Artikels, und mit Beziehung auf die in den Nummern 1, 2, 3, 4 des Artikels 55 bezeichneten festen Strafen, die schwereren durch die milderen, oder auch durch Einzelhaft im Zellengefängnis von zwei bis zu acht Jahren ersetzen.

Art. 95. Die Schwere der Zellengefängnisstrafen wird im allgemeinen nach der folgenden Ordnung angesehen:

1. Die im Artikel 55 No. 1 festgesetzte Strafe.

2. Einzelhaft im Zellengefängnis auf acht Jahre mit darauf folgender Verbannung auf zwölf Jahre.

3. Einzelhaft im Zellengefängnis auf sechs Jahre mit darauf folgender Verbannung auf zehn Jahre.

4. Einzelhaft im Zellengefängnis auf vier Jahre mit darauf folgender Verbannung auf acht Jahre.

5. Einzelhaft im Zellengefängnis.
6. Besserungshaft.

Art. 96. Die Schwere der in dem vorigen Artikel nicht enthaltenen Strafen wird im allgemeinen nach der folgenden Ordnung angesehen:

1. Die feste Strafe der Verbannung auf 28 Jahre mit Gefängnis am Verbannungsorte auf acht bis zehn Jahre.
2. Die feste Strafe der Verbannung auf 25 Jahre.
3. Die feste Strafe der Verbannung auf 20 Jahre.
4. Die feste Strafe der Verbannung auf 15 Jahre.
5. Die zeitige Zuchthausstrafe.
6. Die zeitige Verbannung.
7. Die Besserungshaft.

Art. 97. In den Fällen, in denen das Gesetz die unmittelbar höhere oder niedrigere Strafe vorschreibt, wird die in den vorigen Artikeln festgesetzte Ordnung beobachtet, vorbehaltlich der Bestimmung des folgenden Paragraphen.

Einziger §: Die Strafe der Besserungshaft wird als unmittelbar niedrigere nach irgend einer zeitigen Zuchthaus- oder zeitigen Verbannungsstrafe angesehen und die Verbannung auf fünfzehn Jahre als unmittelbar höhere nach irgend einer zeitigen Zuchthaus- oder Verbannungsstrafe.

Art. 98. Die Herabsetzung der Haftstrafen bei den Verbrechen erfolgt, ohne dafs dic Strafe über die folgenden Grenzen hinabgeht:

1. Die Besserungshaft und die Geldstrafe auf weniger als drei Tage.
2. Die Verbannung und die Enthebung vom Amte auf weniger als drei Monate.
3. Die Aberkennung der bürgerlichen Ehrenrechte auf weniger als zwei Jahre.

Einziger §: In den, in diesem Artikel bezeichneten Fällen kann auch, statt der erwähnten Herabsetzung, irgend eine der Haftstrafen durch Geldstrafe ersetzt werden; und ebenso kann auch nur die Geldstrafe auferlegt werden, wenn sie in Verbindung mit einer andern vorgesehen ist.

Art. 99. Wirken gleichzeitig erschwerende und mildernde Umstände zusammen, so wird je nach dem Vorherrschen der einen oder der andern die Strafe verschärft oder gemildert.

Kapitel III.

Von der Verhängung der Strafen bei Rückfällen, Aufeinanderfolge und Häufung von Verbrechen, Teilnahme, mifslungener Straftat und Versuch.

Art. 100. Bei Rückfällen ist folgendes zu beobachten:

1. Wenn die anwendbaren Strafen die des Artikels 55 No. 1 und wahlweise die der No. 1 des Artikels 57 sind, so wird die erste dieser

Strafen mit Gefängnis am Orte der Verbannung, auf 12 Jahre, und, wahlweise die zweite, mit Gefängnis am Orte der Verbannung auf 20 Jahre, verhängt.

2. Wenn die Strafe die der Verbannung auf 25 Jahre ist, so wird dieselbe Strafe, mit Gefängnis am Orte der Verbannung von sechs Jahren, auferlegt.

3. Wenn die Strafe die der Verbannung auf 20 Jahre ist, so wird dieselbe Strafe, mit Gefängnis am Orte der Verbannung von fünf Jahren, verhängt.

4. Wenn die Strafe die der Verbannung auf 15 Jahre ist, so wird dieselbe Strafe mit Gefängnis am Orte der Verbannung von vier Jahren verhängt.

5. Wenn die Strafe zeitige Zuchthaus- oder zeitige Verbannungsstrafe ist, so darf die Verurteilung nie unter zwei Dritteilen der Strafe für den ersten Rückfall betragen, und es mufs das Höchstmafs der Strafe für den zweiten Rückfall auferlegt werden.

Art. 101. Wenn bei Aufeinanderfolge von Verbrechen eine schwerere Strafe anwendbar ist als diejenige, die im Gesetz für das Verbrechen festgesetzt ist, für das eine rechtskräftig gewordene Verurteilung vorliegt, so sind die Regeln zu beobachten, die im vorigen Artikel für den Rückfall und in den Artikeln 14 und 15 des Gesetzes vom 1. Juli 1867 aufgestellt sind.

§ 1. Wenn dieselbe Strafe anwendbar ist, so wird sie, wenn sie eine feste Strafe ist, im Höchstmafs ihrer Verschärfung angewendet und, wenn sie eine zeitige ist, nach den allgemeinen Regeln verschärft, jedoch nie geringer als um ein Drittel ihrer Höchstdauer.

§ 2. Wenn eine weniger schwere Strafe anwendbar ist, so wird diese verhängt und nach den allgemeinen Regeln verschärft.

Art. 102. Der Häufung von Verbrechen wird nach den folgenden allgemeinen Regeln, die gleichermafsen auf die Strafen des Zellengefängniswesens und auf die ihnen wahlweise entsprechenden enwendbar sind, bestraft:

§ 1. Beim Zusammentreffen von Verbrechen, auf die dieselbe Strafe anwendbar ist, wird die unmittelbar höhere verhängt, wenn jene fest ist, und, wenn sie zeitig ist, dieselbe Strafe nie unter der Hälfte ihrer Höchstdauer.

§ 2. Wenn verschiedene Strafen anwendbar sind, wird die schwerste Strafe verhängt und nach den allgemeinen Regeln, mit Rücksicht auf die Häufung von Verbrechen verschärft. Dasselbe ist zu beobachten, wenn eine der Strafen die des Artikels 55 No. 1, oder, wahlweise die der No. 1 des Artikels 57 ist.

§ 3. Ausgenommen von der Bestimmung dieses Artikels und der §§ 1 und 2 wird die Geldstrafe, oder werden die

Geldstrafen, die stets zu den übrigen Strafen hinzugefügt werden.

Art. 103. Die Strafe der Mitschuldigen am vollendeten Verbrechen ist dieselbe, die den Urhebern des mifslungenen Verbrechens zukommen würde.

Die Strafe der Mitschuldigen am mifslungenen Verbrechen ist dieselbe, die den Urhebern des Versuchs dieses Verbrechens zukommen würde.

Die Strafe der Mitschuldigen des Versuches ist dieselbe, die, auf das Mindestmafs herabgesetzt, den Urhebern des Versuches zufallen würde.

Art. 104. Beim mifslungenen Verbrechen sind die folgenden Regeln zu beobachten:

1. Wenn die auf das vollendete Verbrechen anwendbaren Strafen irgend welche der in den No. 1, 2 und 3 des Artikels 55 und in den No. 1, 2 und 3 des Artikels 57 angegebenen festen Strafen sind, so werden die bezüglichen, unmittelbar niedrigeren festen Strafen verhängt.

2. Sind es die der No. 4 des Artikels 55 und der No. 4 des Artikels 57, so werden beziehungsweise die der No. 5 des Artikels 55 und No. 6 des Artikels 57 verhängt.

3. Wenn es Einzelhaft im Zellengefängnis von zwei bis zu acht Jahren, oder zeitige Zuchthaus- oder zeitige Verbannungstrafe ist, so werden beziehungsweise dieselben Strafen verhängt, und zwar nicht über vier Jahre bei der ersten und nicht über sechs Jahre bei irgend einer der andern beiden Strafen.

Art. 105. Auf die Täter eines Versuches wird dieselbe Strafe angewendet, die den Tätern des mifslungenen Verbrechens auferlegt würde, wenn dabei mildernde Umstände vorlägen.

Kapitel IV.

Von der Verhängung der Strafen in einigen Sonderfällen.

Art. 106. Der Hehler wird nach den folgenden Bestimmungen bestraft:

1. Wenn auf das Verbrechen irgend eine im Artikel 55 festgesetzte Strafe oder wahlweise eine der im Artikel 57 aufgestellten festen Strafen anwendbar ist, so wird Besserungshaft verhängt.

2. Wenn es Einzelhaft im Zellengefängnis, oder wahlweise, eine der zeitigen Zuchthaus- oder Verbannungsstrafen ist, so wird Besserungshaft von sechs Monaten bis zu einem Jahre verhängt.

3. Wenn auf das Verbrechen Besserungshaft anwendbar ist, so wird dieselbe Strafe, gemildert und nie über drei Monate, verhängt.

Art. 107. Wenn der Täter zur Zeit der Begehung eines Verbrechens jünger als 21 Jahre ist, so werden ihm nie schwerere Strafen als Zuchthaus von sechs Jahren mit darauf folgender Verbannung auf zehn Jahre, oder wahlweise, Verbannung auf 20 Jahre auferlegt.

Art. 108. Wenn der Täter zur Zeit der Begehung des Verbrechens jünger als 18 Jahre ist, so werden ihm nie schwerere Strafen als Zuchthaus von zwei bis zu acht Jahren, oder wahlweise, zeitige Zuchthausstrafe oder zeitige Verbannung auferlegt.

Art. 109. Wenn der Täter zur Zeit der Begehung des Verbrechens jünger als 14 Jahre ist, so ist folgendes zu beobachten:

1. Wenn auf das Verbrechen eine der im Artikel 55 aufgestellten festen Strafen oder wahlweise, eine der im Artikel 57 aufgestellten festen Strafen anwendbar ist, so wird ihm Einzelhaft im Zellengefängnis nie über vier Jahre, oder wahlweise, zeitige Zuchthausstrafe oder zeitige Verbannung auf entsprechende Zeit auferlegt.

2. Wenn Zuchthaus von zwei bis zu acht Jahren, oder wahlweise, irgend eine der zeitigen Zuchthaus- oder Verbannungsstrafen anwendbar ist, so werden dieselben Strafen auf das Mindestmafs herabgesetzt oder Besserungshaft auferlegt.

Art. 110. Bei rein fahrlässigen Verbrechen sind nie höhere Strafen als Besserungshaft und entsprechende Geldstrafe anwendbar.

Art. 111. Die Bestimmung im vorigen Artikel ist auf die Täter ausdehnbar, bei denen einer der im Artikel 50 näher angegebenen Umstände vorliegt.

Art. 112. Die Bestimmungen der Artikel 100, 101, 102, 103, 104 105 und 106 werden unter Vorbehalt der Sonderfälle ausgelegt, in denen das Gesetz eine bestimmte Strafe verfügt.

Kapitel V.

Von der Vollstreckung der Strafen.

Art. 113. An schwangeren Frauen werden die körperlichen Strafen, mit Ausnahme der Besserungshaft, erst nach Ablauf eines Monats nach Beendigung der Schwangerschaft vollstreckt.

Art. 114. An den Geisteskranken, die in lichten Zwischenräumen Verbrechen begehen, werden die Strafen vollstreckt, wenn sie sich in diesen lichten Zwischenzeiten befinden.

Einziger §: Bei denen, die nach Begehung des Verbrechens geisteskrank werden, wird entweder das Anklageverfahren oder die Vollstreckung der Strafe verschoben, bis sie ihre geistigen Fähigkeiten wieder erlangen.

Art. 115. Die Strafe des während der Verbüfsung der ersten Verurteilung begangenen Verbrechens wird, wenn die Verbüfsung beider Strafen vereinbar ist, entweder gleichzeitig oder nachfolgend vollstreckt, und im gegenteiligen Falle wird die schwerste Strafe verschärft.

Art. 116. Alle Strafen beginnen von dem Tage an zu zählen, an dem das verurteilende Erkenntnis Rechtskraft erlangt.

Art. 117. Die Strafen des Zellengefängniswesens werden in Gemäfsheit der Bestimmungen des Gesetzes vom 1. Juli 1867 vollstreckt.

Art. 118. Wenn ein zu Gefängnis mit Arbeit Verurteilter sich weigert, einige Zeit zu arbeiten, so wird ihm diese Zeit bei der Verbüfsung der Strafe nicht gerechnet und er wird zur Arbeit, mit den von der Regierung aufgestellten Ordnungsstrafen, gezwungen.

Art. 119. Die zur Vollstreckung der Gefängnisstrafe mit Arbeit bestimmten Häuser sind von den zur Verbüfsung der einfachen Gefängnisstrafe bestimmten Gebäuden verschieden, und die einen wie die andern sind von den zur Verbüfsung der Besserungshaft bestimmten Gefängnissen, sowie von denen verschieden, die für Untersuchungsgefangene bis zur Verurteilung bestimmt sind.

Art. 120. Die zweckmäfsige Trennung der Gefangenen und die Sicherheitsordnung der Gefängnisse, sowie die Ordnungsstrafen gegen die Gefangenen, die sich Drohungen, Beleidigungen oder Gewalttätigkeiten gegen die Gefangenwärter oder deren Vorgesetzte oder gegen andre Gefangene zu Schulden kommen lassen, oder die auf sonstige Art die Vorschriften der Gefängnisse übertreten, werden in den Verwaltungsvorschriften der Regierung bestimmt, unbeschadet gerichtlicher Tätigkeit, die stattfinden kann.

Art. 121. Wenn bei der Vollstreckung einer Strafe ein streitiger Zwischenfall entsteht, so wird er von den Richtern entschieden, von denen die Verurteilung ausgegangen ist.

Art. 122. Wenn das Gesetz die Geldstrafe verfügt und das Verbrechen von vielen Mitschuldigen begangen wird, so mufs jedem einzelnen von ihnen diese Strafe auferlegt werden, abgesehen von den Fällen, in denen das Gesetz erklärt, dafs nur eine Geldstrafe auf alle verteilt werden soll.

§ 1. Alle Täter oder Mitschuldigen desselben Verbrechens oder derselben Übertretung, die durch dasselbe Erkenntnis zu einer einzigen Geldstrafe verurteilt werden, ohne dafs darin der Teil angegeben wird, den jeder einzelne zahlen mufs, sind gemeinsam für die Zahlung dieser Geldstrafe verantwortlich.

§ 2. Die Verpflichtung, die Geldstrafe zu zahlen, geht auf die Erben des Verurteilten über, wenn während dessen Lebzeiten das verurteilende Erkenntnis Rechtskraft erlangt hat.

§ 3. Mangels genügenden und verfügbaren Vermögens zur Bezahlung der Geldstrafe wird diese Strafe durch Gefängnis von entsprechender Zeit ersetzt. Wenn der Betrag der Geldstrafe durch das Gesetz aufgestellt ist und der Verurteilte nicht genügende und verfügbare Mittel besitzt, so wird diese Strafe durch Gefängnis nach dem Satze von täglich 500 Reis ersetzt.

Art 123. Die Strafen werden in keinem Falle von der Person des Verurteilten übertragen.

Art. 124. Betreffs der Strafen ist weder Übertragung noch Ausgleich zulässig.

Kapitel VI.
Von dem Erlöschen der strafrechtlichen Verantwortlichkeit.

Art. 125. Jedes Strafverfahren und jede Strafe hört nicht nur in den im Artikel 6 vorgesehenen Fällen auf, sondern auch:

1. Durch den Tod des Verbrechers, mit Ausnahme der Bestimmung in Artikel 122, § 2.
2. Durch die Verjährung; auch wenn sie nicht vom Angeschuldigten geltend gemacht wird, oder dieser irgend einen Gegenstand infolge des Verbrechens zurückhält.
3. Durch die Begnadigung.
4. Durch die Verzeihung des Beteiligten, wenn es einen gibt.

§ 1. Der Tod des Verbrechers und die Begnadigung hemmen nicht die bürgerlich rechtliche Tätigkeit betreffs des Schadens und Verlustes und haben keine rückwirkende Kraft bezüglich der gesetzmäfsig durch einen Dritten erworbenen Rechte.

§ 2. Das strafrechtliche Vorgehen verjährt nach Ablauf von fünfzehn Jahren, wenn auf das Verbrechen höhere Strafe anwendbar ist, nach Ablauf von fünf Jahren, wenn Besserungsstrafe anwendbar ist, und nach einem Jahr, wenn eine Strafe anwendbar ist, die der Unterrichter im Umfange der Besserungshaft verhängt.

§ 3. Wenn zum strafrechtlichen Vorgehen die Klage des Beleidigten oder seiner Verwandten nötig ist, so verjährt das Recht zur Klage nach Ablauf zweier Jahre, wenn dem Verbrechen höhere Strafe entspricht, und nach Ablauf eines Jahres, wenn die dem Verbrechen entsprechende Strafe Besserungshaft ist.

§ 4. Die Verjährung, von der die vorigen Paragraphen handeln, zählt stets von dem Tage, an dem das Verbrechen begangen worden ist, oder, wenn vor ihr ein gerichtliches Vorgehen bezüglich des Verbrechens stattgefunden hat, vom Tage der letzten Handlung.

§ 5. Die Haftbefehle gegen den Angeschuldigten, der nicht festgenommen ist und keine Bürgschaft geleistet hat, werden für die in dem vorigen Paragraphen bezeichneten Zwecke nicht als gerichtliche Handlungen angesehen.

§ 6. Die höheren Strafen verjähren nach Ablauf von zwanzig Jahren, die Besserungsstrafen nach zehn und die Strafen für Übertretungen nach einem Jahre.

§ 7. Die Verjährung zählt, für die Wirkung der Bestimmung des § 6, von dem Tage, an dem das verurteilende Erkenntnis rechtskräftig geworden ist, aber, wenn der Verurteilte entweicht und einen Teil der Strafe verbüfst hat, zählt sie vom Tage der Entweichung.

§ 8. Keine Verjährung fängt an zu zählen, solange das Erkenntnis, von dem die Einleitung des Strafverfahrens abhängt, nicht rechtskräftig wird.

§ 9. Betreffs des aus dem Verbrechen hervorgehenden bürgerlich rechtlichen Vorgehens ist, soweit sie anwendbar, die Bestimmung in den §§ 2, 3, 4, 5 und 8 dieses Artikels zu beobachten, wenn es mit dem Strafverfahren zugleich eingeleitet worden ist, aber in allen übrigen Fällen verjährt es, ebenso wie die bürgerlich rechtliche Erstattung oder Wiederherstellung, die durch das rechtskräftig gewordene Strafurteil angeordnet worden ist, nach den Regeln des bürgerlichen Rechts.

§ 10. Die Person, der die Verjährung der Strafe zu gute kommt, kann nicht in dem Sprengel ansässig sein, wo der Angegriffene wohnt, oder, wenn dieser nicht mehr vorhanden ist, sein überlebender Ehegatte, seine Verwandten auf- und absteigender Linie, solange nicht nach der Verjährung soviel Zeit vergeht, wie für diese Verjährung im Gesetz festgesetzt ist.

§ 11. Die Verzeihung des Beteiligten hebt nur die strafrechtliche Verantwortlichkeit des Angeschuldigten auf, wenn ohne Anzeige oder ohne Privatanklage kein Strafverfahren stattfindet, ausgenommen in den im Gesetz besonders angegebenen Fällen; und um Wirkung zu haben, ist es nötig, dafs der Beteiligte, wenn er minderjährig und unselbständig ist, gesetzmäfsig ermächtigt wird.

Art. 126. Die Strafe hört auch auf:
1. Durch ihre Verbüfsung.
2. Durch die Königliche Begnadigung.
3. Durch die Wiederherstellung des früheren Rechtszustandes.

§ 1. Als verbüfst wird die Strafe angesehen, wenn der Verurteilte sie in der in dem verurteilenden Erkenntnis angegebenen Zeit und auf die im Gesetz ausgedrückte Art erschöpft hat.

§ 2. Die Königliche Begnadigung kann die Tilgung der ganzen oder eines Teils der Strafe umfassen.

§ 3. Die Teiltilgung der im Urteil angedrohten Strafe erfolgt nach den Bestimmungen des vorigen Paragraphen auf eine der folgenden Arten:

1. Durch Herabsetzung der im Urteil angedrohten Strafe.
2. Indem sie durch eine andre ersetzt wird, die weniger schwer und von gleicher Dauer oder geringer ist als der noch nicht verbüfste Teil der Strafe.

§ 4. Die Annahme der Königlichen Begnadigung ist für den Verurteilten verbindlich, vorbehaltlich der streitigen Zwischenfälle, die darauf gegründet sind, dafs die Bestimmungen des vorigen Paragraphen nicht beobachtet worden sind.

§ 5. Die Wiederherstellung des früheren Rechtszustandes, die darin besteht, dafs der unschuldig Verurteilte auf Grund der aufserordentlichen Nachprüfung des verurteilenden Erkenntnisses in seinen vor der Verurteilung vorhandenen Rechtszustand wieder eingesetzt wird, ergibt sich unmittelbar aus dem Erkenntnis der Nachprüfung, sobald es rechtskräftig wird.

§ 6. Das freisprechende Erkenntnis der Nachprüfung berechtigt den in seinen früheren Rechtszustand Eingesetzten (wenn er es beantragt) zu gerechter Entschädigung für den Nachteil, den er durch die Verbüfsung der Strafe erlitten hat, wenn diese nicht Geldstrafe gewesen ist. Ist die Strafe Geldstrafe gewesen und schon bezahlt, so wird ihre Erstattung angeordnet. Sowohl diese Erstattung wie jene Entschädigung liegen dem Staate ob.

§ 7. Das freisprechende Erkenntnis der Nachprüfung wird im Regierungsanzeiger an drei aufeinander folgenden Tagen veröffentlicht und in beglaubigter Form an der Tür des Kreisgerichts, wo der Wiedereingesetzte wohnt, und an der Tür des Kreisgerichts, wo die Verurteilung stattgefunden hat, befestigt.

Art. 127. Die Beimessung und Abstufung der bürgerlich rechtlichen Verantwortlichkeit, die mit den Straftaten in Verbindung steht, erfolgen nach dem bürgerlichen Gesetzbuche.

Art. 128. Kein Angeschuldigter ist, wenn er freigesprochen wird, zur Zahlung von Kosten im Strafverfahren verpflichtet; und sie werden auch, selbst wenn er verurteilt ist, von ihm nicht verlangt, solange das Erkenntnis nicht rechtskräftig wird.

Titel IV.

Übergangsbestimmungen.

Art. 129. Die Verurteilung nach Wahl legt den Angeschuldigten, die verurteilt werden, bevor das Zellengefängniswesen in voller Ausführung ist, die Verpflichtung auf, irgend eine der im Urteil wahlweise angedrohten Strafen in ihrer Gesamtheit zu verbüfsen.

Einziger §: Solange das Zellengefängniswesen nicht in voller Ausführung ist, sind auf die Angeschuldigten in den bezüglichen verurteilenden Erkenntnissen die Strafen anwendbar, von denen der Artikel 55 handelt; aber sie werden in den genannten Erkenntnissen wahlweise auch zu den entsprechenden Strafen des Artikels 57 verurteilt.

2. Buch.

Von den Verbrechen im besondern.

Titel I.

Von den gegen die Religion des Königreichs und den durch Mifsbrauch geistlicher Befugnisse begangenen Verbrechen.

Kapitel I.

Von den Verbrechen gegen die Religion des Königreichs.

Art. 130. Wer sich gegen die Achtung vor der apostolisch-römisch-katholischen Religion des Königreichs vergeht, wird zu Besserungshaft von einem bis zu zwei Jahren und nach seinem Einkommen zu einer in Geldbufse umwandelbaren Strafe von drei Monaten bis zu drei Jahren in jedem der folgenden Fälle verurteilt:

1. Wenn er diese Religion öffentlich in irgend einem Glaubenssatz, einer Handlung oder einem Gegenstande ihres Gottesdienstes durch Handlungen oder Worte oder durch öffentliche Schrift oder durch ein sonstiges Veröffentlichungsmittel beschimpft.

2. Wenn er mit denselben Mitteln versucht Lehrmeinungen zu verbreiten, die den durch die Kirche bestimmten katholischen Glaubenssätzen entgegenstehen.

3. Wenn er durch irgend ein Mittel versucht, Bekehrungen zu einer abweichenden Religion oder einer von der Kirche abgewiesenen Gemeinschaft herbeizuführen.

4. Wenn er öffentliche Handlungen eines Gottesdienstes begeht, der nicht derjenige der katholischen Religion ist.

§ 1. Wenn der Täter Ausländer ist, so werden in diesen Fällen die Gefängnis- und Geldstrafen durch Ausweisung aus dem Königreiche bis zu zwölf Jahren ersetzt.

§ 2. Wenn nur einfache Achtungverletzung begangen worden ist, oder die beleidigenden Worte oder Lästerungen öffentlich mit lauter Stimme hervorgebracht worden sind, jedoch ohne die Absicht, die Religion des Königreichs zu verspotten oder zu beschimpfen, oder eine ihren Glaubenssätzen entgegenstehende Lehrmeinung zu verbreiten, so wird nur die Strafe des Verweises auferlegt, und es kann Gefängnis von drei bis zu vierzehn Tagen hinzugefügt werden.

§ 3. Wenn die Beschimpfung in der Mifsachtung und Entweihung der heiligen Formen des Abendmahls besteht, so tritt Strafe von zwei bis zu acht Jahren Einzelhaft im Zellengefängnis, oder wahlweise, zeitige Zuchthausstrafe ein.

Art. 131. Dieselbe Strafe wird demjenigen auferlegt, der durch gewalttätige Handlungen die Ausübung des öffentlichen Gottesdienstes der Staatsreligion stört oder zu verhindern sucht.

Art. 132. Die Beschimpfung und Beleidigung, die gegen einen Diener der Religion des Königreichs in der Ausübung oder anläfslich der Ausübung seiner Obliegenheiten begangen wird, wird mit den Strafen geahndet, die für dieselben, gegen die Staatsbehörden begangenen Verbrechen aufgestellt sind.

Art. 133. Wer durch gewaltsame Handlungen oder Drohungen einen andern in der Ausübung des Gottesdienstes der Religion des Staates bedrängt oder belästigt, wird zu Gefängnis bis zu 6 Monaten verurteilt, sofern er nicht wegen der Gewalttätigkeit in eine höhere Strafe verfällt.

Art. 134. Wer unter dem Vorgeben, Diener der Religion des Königreichs zu sein, irgend eine der Handlungen dieser Religion ausübt, die nur durch ihre Diener ausgeführt werden können, wird zu zwei bis acht Jahren Einzelhaft im Zellengefängnis, oder wahlweise, zu zeitiger Verbannung verurteilt.

Art. 135. Jeder Portugiese, der, die Religion des Königreiches bekennend, der Achtung vor dieser Religion ermangelt, indem er öffentlich abtrünnig wird oder ihr entsagt, wird zu der festen Strafe des Verlustes der bürgerlichen Ehrenrechte auf zwanzig Jahre verurteilt.

§ 1. Wenn der Täter Geistlicher geweihter Orden ist, wird er ohne Zeitbeschränkung aus dem Königreiche verwiesen.

§ 2. Diese Strafen hören auf, sobald die Täter in die Gemeinschaft der Kirche zurücktreten.

Kapitel II.

Von den durch Mifsbrauch geistlicher Befugnisse begangenen Verbrechen.

Art. 136. Jeder Geistliche, der sich seiner religiösen Befugnisse zu einem, durch die Gesetze des Königreiches verwiesenen weltlichen Zweck bedient, wird zu Besserungshaft und zu einer in Geldbufse umwandelbaren Strafe von einem Monat bis zu drei Jahren verurteilt.

§ 1. Wer seine religiösen Befugnisse mifsbraucht, wird, wenn der Mifsbrauch in der Verletzung des Beichtgeheimnisses oder in der Verführung der beichtenden Person zu einem unehrenhaften Zweck besteht, zu Zuchthaus von vier

Jahren mit darauf folgender Verbannung auf acht Jahre, oder wahlweise, zu der festen Strafe der Verbannung auf fünfzehn Jahre verurteilt.

§ 2. Wenn der Mifsbrauch darin besteht, dafs die Trauungsfeier angeordnet oder vorgenommen wird, ohne dafs vorher die Förmlichkeiten, die von den bürgerlichen Gesetzen verlangt werden, stattgefunden haben, so wird der Täter zu Besserungshaft von einem bis zu zwei Jahren und zu einer in Geldbufse umwandelbaren Strafe von einem Monat bis zu einem Jahre verurteilt.

Art. 137. Jeder Geistliche, der in der Ausübung seines Amtes, in Predigten oder in sonstigem mündlichem, öffentlichem Vortrage, oder öffentlicher Schrift eine Staatsbehörde beleidigt oder eine ihrer Handlungen angreift, oder die Form der Regierung, oder die Gesetze des Königreiches, oder die Rechte der Krone betreffs kirchlicher Angelegenheiten in Abrede stellt oder bezweifelt, oder zu einem Verbrechen aufreizt, wird mit Gefängnis von einem bis zu zwei Jahren und mit einer in Geldbufse umwandelbaren Strafe von drei Monaten bis zu drei Jahren belegt.

Art. 138. Mit umwandelbarer Strafe, nach seinem Einkommen, von einem bis zu drei Jahren wird der Diener der Religion des Königreichs bestraft, der seine Befugnisse mifsbraucht:

1. Wenn er bei den Berufungen an die Krone die rechtskräftig gewordenen Entscheidungen der zuständigen bürgerlichen Gerichte nicht gehörig erfüllt.

2. Wenn er Bullen oder sonstige Bestimmungen der römischen Kurie ausführt, ohne dafs die königliche Genehmigung, in der Form der Gesetze des Königreichs, vorausgegangen ist, vorbehaltlich der Fälle, in denen dieses Verbrechen wegen seiner Umstände die Merkmale einer schwereren Straftat hat.

Art. 139. Gefängnisstrafe von drei Monaten bis zu zwei Jahren wird jedem Diener der Religion des Königreichs auferlegt, der eines der folgenden Verbrechen begeht:

1. Wenn er, nachdem er gesetzmäfsig der Ausübung seiner Befugnisse oder einer von ihnen enthoben ist, die ausübt, deren er enthoben ist.

2. Wenn er ohne gesetzlichen Grund die Erteilung der Sakramente oder die gebührende Ausübung irgend einer Handlung seines Amtes verweigert.

Art. 140. Wer, gegen das Verbot des Gesetzes, sich als Mitglied einer durch das Gesetz oder von der Regierung genehmigten geistlichen Gesellschaft oder Gemeinde annehmen läfst, oder wer unter Verletzung dieses Gesetzes einen andern annimmt oder dazu beiträgt, wird, nach seinem Einkommen, zu einer in Geldbufse umwandelbaren Strafe von einem Monat bis zu einem Jahr verurteilt.

Titel II.
Von den Verbrechen gegen die Sicherheit des Staates.

Kapitel I.
Von den Verbrechen gegen die äufsere Sicherheit des Staates.

Art. 141. Jeder Portugiese, der unter den Fahnen eines fremden feindlichen Volkes die Waffen gegen sein Vaterland ergreift, wird zu Zuchthaus von acht Jahren mit darauf folgender Verbannung auf zwanzig Jahre, mit Gefängnis am Orte der Verbannung bis zu zwei Jahren, oder ohne es, nach dem Gutachten des Richters, oder wahlweise, zu der festen Strafe der Verbannung auf achtundzwanzig Jahre, mit Gefängnis am Orte der Verbannung von acht bis zu zehn Jahren, verurteilt.

Einziger §: Wenn der Täter vor der Erklärung des Krieges mit Genehmigung der Regierung im Dienste des feindlichen Volkes gewesen ist, so beträgt die Strafe sechs Jahre Zuchthaus mit darauf folgender Verbannung auf zehn Jahre, oder wahlweise, als feste Strafe, zwanzig Jahre Verbannung.

Art. 142. Jeder Portugiese, der sich mit einer fremden Macht einläfst, um Portugal den Krieg zu erklären, oder der sie zu diesem Zwecke verleitet oder zu verleiten sucht, indem er mit ihr oder mit ihren Geschäftsführern mündliche oder schriftliche Mitteilungen unterhält oder in Verhandlungen tritt, oder irgendwelche Ränke schmiedet, oder durch sonstige Handlungen die Verhältnisse vorzubereiten sucht, wird, wenn der Krieg oder die Feindseligkeiten folgen, zu Zuchthaus von sechs Jahren mit darauf folgender Verbannung auf zehn Jahre, oder wahlweise, zu der festen Strafe der Verbannung auf zwanzig Jahre verurteilt, und wenn sie nicht darauf folgen, wird er zu vier Jahren Zuchthaus und darauf folgender Verbannung auf acht Jahre, oder wahlweise, zu der festen Strafe der Verbannung auf fünfzehn Jahre verurteilt.

Art. 143. Jeder Portugiese, der einer fremden feindlichen Macht in der Ausführung von Mafsregeln, die dem Staate feindlich sind, hilft oder zu helfen sucht, indem er mit ihr oder mit ihren Geschäftsführern entweder unmittelbar oder durch irgend einen Vermittler Verkehr unterhält, um diese Ausführung zu erleichtern, oder indem er sonstige Mittel anwendet, oder irgend welche Handlungen begeht, die zu diesem Zwecke bestimmt sind, wird zu Zuchthaus von sechs Jahren mit darauf folgender Verbannung auf zehn Jahre, oder wahlweise, zu der festen Strafe der Verbannung auf zwanzig Jahre verurteilt.

Einziger §: Wenn in einem der in diesem oder in dem vorigen Artikel bezeichneten Fälle der Krieg oder die Feindseligkeiten folgen und der Täter ein durch Geschenke oder

Versprechungen bestochener Staatsminister, oder ein auf dieselbe Art bestochener diplomatischer Geschäftsführer ist, der auf Grund seiner Obliegenheiten mit Verhandlungen mit dieser fremden Macht beauftragt war, so wird er zu Zuchthaus von acht Jahren mit darauf folgender Verbannung auf zwanzig Jahre und Gefängnis am Orte der Verbannung bis zu zwei Jahren, oder ohne es, nach dem Gutachten des Richters, oder wahlweise, zu der festen Strafe der Verbannung auf achtundzwanzig Jahre, mit Gefängnis am Ort der Verbannung von acht bis zu zehn Jahren, verurteilt.

Art. 144. Jeder Portugiese, der eine Verschwörung gegen die äufsere Sicherheit des Staates anzettelt, indem er sich mit einer oder mehreren andern Personen verständigt und seinen Entschlufs darauf richtet, eines der in den beiden vorigen Artikeln bezeichneten Verbrechen zu begehen, wird, wenn der Verschwörung eine vorbereitende Handlung zur Ausführung folgt, zu Zuchthaus von vier Jahren mit darauf folgender Verbannung auf acht Jahre, oder wahlweise, zu der festen Strafe der Verbannung auf fünfzehn Jahre verurteilt.

Einziger §: Wenn keine vorbereitende Handlung zur Ausführung folgt, so wird er zu Zuchthaus von zwei bis zu acht Jahren, oder wahlweise, zu zeitiger Verbannung verurteilt.

Art. 145. Jeder Portugiese, der mit irgendwelchen Angehörigen der feindlichen Macht Verkehr unterhält, der durch das Gesetz oder von der Regierung verboten ist, ohne dafs sein Zweck der im Artikel 143 bezeichnete ist, und der damit irgend eine den Zwecken des Staates nachteilige Eröffnung oder Nachricht verbindet, oder solche, die den feindseligen Plänen des Gegners nützlich sein kann, wird zu Besserungshaft von sechs Monaten bis zu zwei Jahren verurteilt.

Einziger §: Die Verletzung des Verbotes wird, wenn der erwähnte Umstand nicht hinzutritt, mit Gefängnis bis zu sechs Monaten und in Geldbufse umwandelbarer Strafe bis zu einem Monat belegt.

Art. 146. Jeder Portugiese, der ohne Ermächtigung der Regierung zu einem feindlichen Volke übergeht, oder das portugiesische Gebiet verläfst, oder absichtlich zu diesem Zwecke aus fremdem Gebiete hinweggeht, ohne dafs er jedoch dem Feinde in dem Kriege gegen sein Vaterland hilft oder zu helfen beabsichtigt, wird zu Besserungshaft von einem bis zu zwei Jahren und zu umwandelbarer Strafe von einem Monat bis zu einem Jahre verurteilt.

Einziger §: Der Versuch zu diesem Verbrechen ist, wenn sich der Täter auf portugiesischem Gebiete aufhält, nach den allgemeinen Regeln strafbar.

Art. 147. Jeder Portugiese, der, wenn er sich vor der Erklärung des Krieges im Dienste des feindlichen Volkes, mit oder ohne Genehmigung der Regierung, befindet, fortfährt, diesem Volke nach der Erklärung des Krieges zu dienen, wird zur Verweisung aus dem Königreiche ohne Zeitbeschränkung verurteilt.

Art. 148. Jeder Portugiese, der durch irgend welche von der Regierung nicht genehmigte Handlungen den Staat einer Kriegserklärung, oder die Portugiesen Gegengewaltmaſsregeln einer fremden Macht aussetzt, wird, wenn der Krieg oder die Gegengewaltmaſsregeln folgen, zu Zuchthaus von zwei bis zu acht Jahren, oder wahlweise, zu zeitiger Verbannung verurteilt, und wenn der Krieg oder die Gegengewaltmaſsregeln nicht eintreten, zu Besserungshaft von einem bis zu zwei Jahren verurteilt, unbeschadet der höheren Strafe, in die er verfallen kann, wenn die begangene Handlung ein durch das Gesetz mit schwererer Strafe belegtes Verbrechen ist.

Art. 149. Jeder Portugiese, der irgend einen, ihm als solchen bekannten, feindlichen Spion aufnimmt oder aufnehmen läſst, wird zu Zuchthaus von sechs Jahren mit darauf folgender Verbannung auf zehn Jahre, oder wahlweise, zu der festen Strafe der Verbannung auf zwanzig Jahre verurteilt.

Art. 150. Dieselben Strafen werden den Fremden, die sich im Dienste Portugals befinden, auferlegt, wenn sie eines der in den vorigen Artikeln erwähnten Verbrechen begehen.

Art. 151. Unbeschadet der Sonderbestimmungen der Militärgesetze über das Kundschafterwesen in den Feldlagern und Festungen und unbeschadet der Festsetzungen des Völkerrechts über diplomatische Vertreter wird jeder auf portugiesischem Gebiete ansässige Fremde, der das im Artikel 143 vorgesehene Verbrechen oder die Verschwörung zu diesem, oder die in den Artikeln 145 und 149 vorgesehenen Verbrechen begeht, zu der unmittelbar geringeren Strafe verurteilt, als sie in jedem der genannten Artikel festgesetzt ist.

Kapitel II.

Von den Verbrechen, die die Angelegenheiten des Staates in Beziehung auf die fremden Völker verletzen.

Art. 152. Wer bei der Ausübung amtlicher, auf Geschäfte mit einer fremden Macht bezüglicher Obliegenheiten seine Befugnisse miſsbraucht, indem er die Würde, den Glauben oder die Vorteile des portugiesischen Volkes verletzt oder Ursache zu ihrer Verletzung gibt, oder indem er im Namen der Regierung oder des Volkes Verbindlichkeiten übernimmt, zu denen er nicht gehörig ermächtigt ist, wird zu Zuchthaus von zwei bis zu acht Jahren, oder wahlweise, zu höherer zeitiger Gefängnisstrafe verurteilt.

Art. 153. Jeder Portugiese, der einer fremden befreundeten oder parteilosen Macht das Geheimnis einer Verhandlung oder eines Kriegszuges eröffnet, oder ihr die Pläne von Verteidigungsmitteln des Staates aushändigt, wenn er auf Grund seiner Obliegenheiten amtlich von diesem Geheimnis unterrichtet, oder mit der Aufbewahrung dieser Pläne beauftragt ist, oder sie unter Anwendung unerlaubter Mittel erlangt hat, wird zu Zuchthaus von zwei bis zu acht Jahren, oder wahlweise, zu zeitiger höherer Gefängnisstrafe und, in beiden Fällen, zu umwandelbarer Strafe, seinem Einkommen gemäfs, von einem bis zu drei Jahren verurteilt.

Art. 154. Zu Besserungshaft und entsprechender umwandelbarer Strafe wird verurteilt:

1. Wer böswillig Grenzsteine oder sonstige, portugiesisches Gebiet andeutende Zeichen herausreifst oder auf irgend eine Art unterdrückt.

2. Wer, als Portugiese unter Verletzung der Gesetze, Erlasse oder Vorschriften, in Kriegszeit nach einem fremden parteilosen oder befreundeten Lande geht; dabei darf die Besserungshaft ein Jahr nicht überschreiten. Geschieht es nicht in Kriegszeit, so ist die Strafe die in Geldbufse umwandelbare Strafe bis zu sechs Monaten.

Einziger §: Die Bestimmung in No. 2 dieses Artikels ist nur anwendbar, falls nicht durch Sonderbestimmungen eine schwerere Strafe auferlegt wird.

Art. 155. Jeder Portugiese, der sich, ohne Genehmigung der Regierung, im Auslande naturalisieren läfst oder eine Ordensauszeichnung oder ein Amt von einer fremden Regierung annimmt, wird zu der festen Strafe des Verlustes der bürgerlichen Ehrenrechte auf zwanzig Jahre verurteilt.

§ 1. Wenn er, ohne Genehmigung der Regierung, auf einem fremden Kriegs- oder Handelsschiff Dienst annimmt, wird er, aufser der genannten Strafe, zu Besserungshaft verurteilt.

§ 2. Wenn er aufserhalb des portugiesischen Gebietes ist und Dienst auf einem fremden Handelsschiff nimmt und wenn er davon dem betreffenden portugiesischen Konsularbeamten Mitteilung macht, so erledigt sich die Bestimmung des vorigen Paragraphen, wenn er nicht fortfährt ohne Erlaubnis der Regierung zu dienen, nachdem es ihm möglich geworden ist, sie zu erhalten.

Art. 156. Wer ohne Ermächtigung der Regierung Mannschaft zu fremdem Heeres- oder Seedienst anwirbt oder besoldet, oder anwerben oder besolden läfst, oder Waffen, Fahrzeuge oder Schiefsbedarf zu demselben Zweck besorgt, wird zum Höchstmafs der Besserungshaft und zum Höchstmafs der in Geldbufse umwandelbaren Strafe verurteilt.

Einziger §: Wenn der Täter Ausländer ist, so wird er auf drei bis zwölf Jahre aus dem Königreich verwiesen.

Art. 157. Zu Entlassung oder Amtsenthebung, je nach den Umständen, und zu Besserungshaft und umwandelbarer Strafe bis zu sechs Monaten wird der diplomatische Beamte verurteilt, der unterläfst, in dem fremden Lande, wo er angestellt ist, irgend welchem

Portugiesen den durch die Gesetze angeordneten Schutz zu gewähren.

Art. 158. Die Verbrechen der ungesetzlichen Verlängerung oder des Verlassens des Dienstes mit der Weigerung, die betreffenden Obliegenheiten weiter zu erfüllen, werden, von einem diplomatischen Beamten begangen, mit der festen Strafe des Verlustes der bürgerlichen Ehrenrechte auf zwanzig Jahre, aufser denjenigen für solche Verbrechen allgemein festgesetzten, bestraft.

Art. 159. Wer durch eine Handlung irgend welche Beleidigung gegen eine in Portugal wohnhafte fremde fürstliche Persönlichkeit, oder gegen die Person oder die Familie eines fremden Diplomaten begeht, oder dessen Wohnung oder die Rechte, die er nach dem öffentlichen Recht der Völker geniefst, verletzt, oder die Schutzwache einer Sache oder Person, oder die Sicherheit der Geiseln, oder irgend eines Unterhändlers oder dessen, der einen Schutzbrief besitzt, verletzt, wird zum Höchstmafs der Strafe verurteilt, die dem begangenen Verbrechen entspricht.

Art. 160. Wer öffentlich durch Worte, oder durch veröffentlichte Schrift oder Zeichnung, oder durch ein sonstiges Veröffentlichungsmittel irgend einen Herrscher oder ein fremdes Staatsoberhaupt beleidigt, wird zu Besserungshaft bis zu sechs Monaten und umwandelbarer Strafe bis zu einem Monat verurteilt.

Art. 161. Jeder Portugiese, der, wenn er mit Genehmigung der portugiesischen Regierung ein fremdes bewaffnetes Schiff befehligt, in Friedenszeit Feindseligkeiten gegen ein portugiesisches Schiff unternimmt, wird zu Zuchthaus von zwei bis zu acht Jahren, oder wahlweise, zu zeitiger höherer Gefängnisstrafe und in beiden Fällen zum Höchstmafs der umwandelbaren Strafe verurteilt.

Einziger §: Wenn er ohne Genehmigung der portugiesischen Regierung befehligt und die genannten Feindseligkeiten begeht, so wird er zu Zuchthaus von sechs Jahren und darauf folgender Verbannung auf zehn Jahre, oder wahlweise, zu der festen Strafe der Verbannung auf zwanzig Jahre und in beiden Fällen zum Höchstmafs der umwandelbaren Strafe verurteilt, ausgenommen, wenn er durch diese Feindseligkeiten ein Verbrechen begeht, für das er schwerere Strafe verdient.

Art. 162. Wer das Verbrechen der Seeräuberei begeht, indem er ohne Auftrag eines Herrschers oder selbständigen Staates ein bewaffnetes Schiff führt und auf dem Meer umherfährt, um Raub oder sonstige Gewalttätigkeiten zu verüben, wird zu acht Jahren Zuchthaus und darauf folgender Verbannung auf zwölf Jahre, oder wahlweise, zu der festen Strafe der Verbannung auf fünfundzwanzig Jahre und, in beiden Fällen, zu dem Höchstmafs der in Geldbufse umwandelbaren Strafe verurteilt.

§ 1. Wenn diese Gewalttätigkeiten den Tod einer Person zur Folge haben, so wird der Täter zu Zuchthaus von acht

Jahren und darauf folgender Verbannung auf zwanzig Jahre, mit Gefängnis am Orte der Verbannung bis zu zwei Jahren, oder ohne dieses, je nach dem Gutachten des Richters, oder wahlweise, zu der festen Strafe der Verbannung auf achtundzwanzig Jahre, mit Gefängnis am Orte der Verbannung von acht bis zu zehn Jahren verurteilt.

§ 2. Die Personen, die, indem sie von dem Verbrechen Kenntnis haben, die Besatzung bilden, werden zu acht Jahren Zuchthaus, mit darauf folgender Verbannung auf zwölf Jahre, oder wahlweise, zu der festen Strafe der Verbannung auf fünfundzwanzig Jahre verurteilt.

§ 3. In allen Fällen, in denen Sondergesetze eine Tat als Seeräuberei ansehen, werden ihre Bestimmungen beobachtet.

Kapitel III.
Von den Verbrechen gegen die innere Sicherheit des Staates.

1. Abschnitt.
Mordanschlag und Angriffe gegen den König und seine Familie.

Art. 163. Der Mordanschlag gegen das Leben des Königs oder der Königin Regentin, oder des unmittelbaren Thronfolgers wird mit Zuchthaus von acht Jahren und darauf folgender Verbannung auf zwanzig Jahre, mit Gefängnis am Orte der Verbannung bis zu zwei Jahren, oder ohne dieses, je nach dem Gutachten des Richters, oder wahlweise, mit der festen Strafe der Verbannung auf achtundzwanzig Jahre, mit Gefängnis am Orte der Verbannung von acht bis zu zehn Jahren bestraft.

§ 1. Der Mordanschlag besteht in der Ausführung oder in dem Versuch.

§ 2. Die vollendete oder mifslungene Ermordung des Regenten oder der Regenten des Königreichs wird mit der Strafe dieses Artikels und der Versuch mit Zuchthaus von sechs Jahren und darauf folgender Verbannung auf zehn Jahre, oder wahlweise, mit der festen Strafe der Verbannung auf zwanzig Jahre geahndet.

Art. 164. Wer den Entschlufs fafst, eines der im vorigen Artikel genannten Verbrechen zu begehen, wird, wenn er eine Handlung vollbringt, um die Ausführung vorzubereiten, mit Zuchthaus von zwei bis zu acht Jahren, oder wahlweise, mit zeitiger Verbannung bestraft.

Art. 165. Wenn zwei oder mehr Personen unter sich verabredet und den Entschlufs gefafst haben, eines der im Artikel 163 genannten Verbrechen zu begehen, und wenn dieser Verschwörung eine Handlung folgt, die begangen ist, um die Ausführung vorzubereiten, so werden sie zu Zuchthaus von vier Jahren und darauf folgender Verbannung auf acht, oder wahlweise, zu der festen Strafe der Verbannung auf fünfzehn Jahre verurteilt.

Einziger §: Wenn keine Handlung begangen worden ist, um die Ausführung vorzubereiten, so werden sie zu Zuchthaus von zwei bis zu acht Jahren, oder wahlweise, zu zeitiger Verbannung verurteilt.

Art. 166. Die vollendete oder mifslungene Mordtat an einem Mitgliede der Familie des Königs wird mit Zuchthaus von acht Jahren und darauf folgender Verbannung auf zwanzig Jahre, mit Gefängnis am Orte der Verbannung bis zu zwei Jahren, oder ohne dieses, je nach dem Gutachten des Richters, oder wahlweise, mit der festen Strafe der Verbannung auf achtundzwanzig Jahre, mit Gefängnis am Orte der Verbannung von acht bis zu zehn Jahren, bestraft.

Art. 167. Jede körperliche Verletzung der Person des Königs oder der Königin Regentin oder des unmittelbaren Thronfolgers, die durch gewaltsame Handlungen begangen ist, wird mit Zuchthaus von sechs Jahren und darauf folgender Verbannung auf zehn, oder wahlweise, mit der festen Strafe der Verbannung auf zwanzig Jahre bestraft.

Einziger §: Wenn diese Verletzung an der Person eines Mitgliedes der Familie des Königs oder an der Person des Regenten oder der Regenten des Königreiches begangen worden ist, so tritt Zuchthausstrafe von vier Jahren mit darauf folgender Verbannung auf acht, oder wahlweise, die feste Strafe der Verbannung auf fünfzehn Jahre ein.

Art. 168. Das gewaltsame Eindringen in das Wohnhaus der im vorigen Artikel bezeichneten Personen wird mit Zuchthaus von zwei bis zu acht Jahren, oder wahlweise, mit zeitiger Verbannung bestraft. Die Beschimpfung oder die Beleidigung derselben Personen in deren Beisein wird mit Besserungshaft und entsprechender in Geldbufse umwandelbarer Strafe belegt.

Einziger §: Wenn ausschliefslich Mangel an Achtung vorliegt, der durch die Umstände als leicht angesehen werden mufs, so ist nur Gefängnis bis zu einem Monat zu verhängen.

Art. 169. Die gegen den König oder die Königin Regentin öffentlich mit lauter Stimme, oder durch veröffentlichte Schrift oder Zeichnung oder durch ein sonstiges Veröffentlichungsmittel begangene Beleidigung wird mit Besserungshaft bis zu sechs Monaten und umwandelbarer Strafe bis zu einem Monat bestraft.

§ 1. Das in diesem Artikel genannte, gegen die andern in den vorigen Artikeln erwähnten Personen begangene Verbrechen wird mit Besserungshaft bis zu sechs Monaten bestraft.

§ 2. In dem in diesem Artikel vorgesehenen Falle ist kein Beweis der Wahrheit irgend einer Handlung, auf die sich die Beleidigung bezieht, zulässig.

2. Abschnitt.

Aufruhr.

Art. 170. Wer versucht, die Form der Regierung oder die Thronfolge zu vernichten oder zu ändern, oder den König oder die Regenten des Königreichs abzusetzen oder ihrer persönlichen Freiheit zu berauben, wird mit Zuchthaus von sechs Jahren und darauf folgender Verbannung auf zehn, oder wahlweise, mit der festen Strafe der Verbannung auf zwanzig Jahre bestraft.

Art. 171. Mit der im vorigen Artikel angegebenen Strafe werden bedroht:

1. Diejenigen, die versuchen, die Selbständigkeit des Königreichs zu vernichten.

2. Die die Bewohner des portugiesischen Gebiets zum Bürgerkrieg anreizen und nach den allgemeinen Regeln des Gesetzes als Täter angesehen werden müssen.

3. Die die Bewohner von portugiesischem Gebiet oder irgendwelche Militärpersonen im portugiesischen Land- oder Seedienst anstiften, sich gegen die königliche Gewalt, oder gegen die freie Ausübung der verfassungsmäfsigen Befugnisse der Minister zu erheben und die nach den allgemeinen Regeln des Gesetzes als Täter angesehen werden müssen.

4. Die durch gewalttätige Handlungen die Vereinigung oder die freie Beratung einer der gesetzgebenden Kammern verhindern oder zu verhindern suchen.

Art. 172. Die Verschwörung zur Verübung eines der in den beiden vorigen Artikeln genannten Verbrechen wird mit den im Artikel 144 angegebenen Strafen nach der darin aufgestellten Unterscheidung bestraft.

Art. 173. Wer bei einem Aufstande oder einer Erhebung, einer Körperschaft oder einer eingerichteten Partei, die eines der in den vorigen Artikeln dieses Abschnittes genannten Verbrechen zum Zweck hat, einen Befehl oder eine Leitung ausübt, wird zu Zuchthaus von sechs Jahren, mit darauf folgender Verbannung auf zehn, oder wahlweise, zu der festen Strafe der Verbannung auf zwanzig Jahre verurteilt.

§ 1. Dieselbe Strafe wird auf die Täter angewendet, die zu dem Aufstande oder der Erhebung aufreizen, oder die Körperschaft oder Partei einrichten.

§ 2. Auf die übrigen Mitschuldigen wird Zuchthausstrafe von vier Jahren mit darauf folgender Verbannung auf acht, oder Zuchthausstrafe von zwei bis zu acht Jahren, oder wahlweise, die feste Strafe der Verbannung auf fünfzehn Jahre, oder, je nach den Umständen, zeitige Verbannung angewendet.

Art. 174. Auf die Mitschuldigen der in den vorigen Artikeln vorgesehenen Verbrechen werden die schwereren Strafen angewendet, in die sie für die anderen, von ihnen begangenen Verbrechen verfallen sind.

Einziger §: Die Zuchthausstrafe von acht Jahren mit darauf folgender Verbannung auf zwanzig Jahre, mit Gefängnis am Orte der Verbannung bis zu zwei Jahren, oder ohne dieses, je nach dem Gutachten des Richters, oder wahlweise, die feste Strafe der Verbannung auf achtundzwanzig Jahre, mit Gefängnis am Orte der Verbannung von acht bis zu zehn Jahren, wird nur denen auferlegt, die nach den im Gesetz aufgestellten allgemeinen Regeln als Täter eines nach den Bestimmungen des Artikels 351 vorbedachten oder schweren Mordes verurteilt werden.

Art. 175. Die in No. 2 des Artikels 173 erwähnten Verbrecher, die freiwillig die Körperschaft oder die eingerichtete Partei oder den Aufstand oder die Erhebung vor der Aufforderung durch die Behörden, oder unmittelbar darauf verlassen, sind von der Strafe für diese Verbrechen frei. Es kann in diesem Falle jedoch die Stellung unter Polizeiaufsicht für die Zeit eintreten, die den Richtern geeignet scheint.

Einziger §: Auf die in die Bestimmung des genannten Artikels 173 und seines § 1 Einbegriffenen wird unter denselben Umständen Besserungshaft angewendet.

Art. 176. Alle Mitschuldigen der in den Artikeln 144, 165 und 172 vorgesehenen Verschwörung, die darüber und über deren Umstände der Staatsbehörde Mitteilung machen, indem sie die Täter oder Teilnehmer nennen, von denen sie Kenntnis haben, bevor sie von einem andern angegeben worden sind, oder bevor das gerichtliche Verfahren begonnen hat, sind straffrei.

Einziger §: Wer unter die Bestimmung des Artikels 164 fällt und der Staatsbehörde Mitteilung macht, indem er aus eigenem Antriebe sein Vorhaben aufgibt, ist gleichfalls straffrei.

Titel III.

Von den Verbrechen wider die öffentliche Ordnung und Ruhe.

Kapitel I.

Verbrecherische Vereinigungen, Aufruhr und Auflauf.

1. Abschnitt.

Allgemeine Bestimmung.

Art. 177. Bei jeder Ansammlung oder Vereinigung von Volk, das sich unter Übertretung der gesetzlichen Bedingungen, von denen diese Versammlung abhängt, vereinigt, werden deren Anstifter oder Einberufer wegen Ungehorsams bestraft.

§ 1. In dieselbe Verantwortlichkeit verfallen diejenigen, die sich nicht zurückziehen, wenn die Zerstreuung des Auflaufs, der entweder zusammengerufen oder zufällig entstanden ist, von zuständiger Seite angeordnet wird; und wenn sie die Anstifter oder Veranstalter der Versammlung sind, wird ihnen die Strafe für schweren Ungehorsam auferlegt.

§ 2. Bei jeder Ansammlung oder Vereinigung, von der dieser Artikel und § 1 handelt, sind von der darauf bezüglichen strafrechtlichen Verantwortlichkeit diejenigen frei, die, wenn sie nicht Anstifter oder Einberufer sind, sich freiwillig zurückziehen, nachdem die Behörde aufgefordert hat oder bevor eine Handlung verübt worden ist.

§ 3. Wenn bei einer Ansammlung oder Vereinigung, die in diesem Kapitel als straffällig bezeichnet ist, Handlungen verübt werden, für die eine schwerere Strafe als die für diese Versammlung oder Vereinigung angedrohten aufgestellt ist, so werden die Täter nach den für die Häufung von Verbrechen aufgestellten allgemeinen Regeln verurteilt.

Art. 178. Im allgemeinen wird als bewaffnete Versammlung diejenige angesehen, in der mehr als zwei Personen sichtbare Waffen haben. Wenn nur eine oder zwei Personen mit sichtbaren Waffen versehen sind, so findet auf diese die Strafe Anwendung, als wenn die Versammlung bewaffnet wäre, desgleichen auf alle, die mit versteckten Waffen angetroffen werden, gesetzt, dafs kein andrer bewaffnet ist.

§ 1. Man nimmt stets denjenigen als bewaffnet an, der irgend eine Waffe hat, wenn das Verbrechen begangen wird; ausgenommen, wenn er beweist, dafs er sie zufällig oder oder zum gewöhnlichen Gebrauch des Lebens und ohne Merkmal, dafs er damit böses tun will, besitzt.

§ 2. Alle schneidenden, bohrenden oder quetschenden Werkzeuge werden in die Bezeichnung Waffen einbegriffen.

§ 3. Jene Gegenstände jedoch, die üblicherweise zum gewöhnlichen Gebrauch des Lebens dienen, werden nur in dem Falle als Waffen angesehen, wenn sie verwendet werden, um zu töten, zu verwunden oder zu schlagen.

2. Abschnitt.

Aufruhr.

Art. 179. Diejenigen, die, ohne gegen die innere Sicherheit des Staates einen Anschlag auszuüben, sich zu einem Aufruhr oder lärmenden Auftritt versammeln, oder mit Geschrei Gewalttätigkeiten, Drohungen oder Beleidigungen verüben, oder in ein öffentliches Gebäude, oder in das Wohnhaus eines öffentlichen Beamten einzudringen versuchen: 1. um die Ausführung eines Gesetzes, Erlasses, einer Vorschrift oder gesetzmäfsigen Verordnung der Behörde zu verhindern; 2. um irgend eine Körperschaft, einen obrigkeitlichen Beamten, Beauftragten der Behörde, oder Staatsbeamten in der Ausübung ihrer Obliegenheiten zu bedrängen, zu verhindern oder zu stören; 3. um sich von der Erfüllung irgend einer Verpflichtung zu befreien; 4. um eine Handlung des Hasses, der Rache oder Mifsachtung gegen einen Beamten, oder ein Mitglied der gesetzgebenden Gewalt zu verüben, werden mit Besserungshaft bis zu einem Jahre bestraft, wenn der Aufruhr nicht bewaffnet war.

§ 1. Wenn der Aufruhr bewaffnet war, so ist Besserungshaft anzuwenden.

§ 2. Wenn keine Gewalttätigkeiten, Drohungen oder Beleidigungen vorgekommen sind, auch kein Versuch, in öffentliche Gebäude oder in das Wohnhaus eines öffentlichen Beamten einzudringen, so überschreitet die Besserungshaft nicht sechs Monate, wenn die Voraussetzung des Artikels vorliegt, und nicht ein Jahr, wenn die Voraussetzung des vorigen Paragraphen vorliegt.

§ 3. Wenn die Täter die Verwirklichung des aufrührerischen Zwecks erreichen, so werden sie zu Zuchthaus von zwei bis zu acht Jahren, oder wahlweise, zu zeitiger Verbannung verurteilt, wenn nicht ein Verbrechen begangen worden ist, auf das nach dem Gesetz eine schwerere Strafe anwendbar ist.

§ 4. Wer anreizt, den Aufruhr hervorruft oder leitet, wird zum Höchstmafs der Strafe, die nach der Bestimmung dieses Artikels und der §§ 1 und 2 auf das Verbrechen anwendbar ist, und zu Zuchthaus von zwei bis zu acht Jahren, oder wahlweise, in dem in No. 3 vorgesehenen Falle, zu zeitiger höherer Strafe verurteilt.

§ 5. Die Verschwörung zum Aufruhr wird mit Besserungshaft bis zu 3 Monaten und entsprechender umwandelbarer Strafe belegt, wenn der Aufruhr nicht zustande gekommen ist. Hat er stattgefunden, so wird die Verschwörung als erschwerender Umstand bezüglich der Täter angesehen, auf die sich der § 4 dieses Artikels bezieht.

3. Abschnitt.

Auflauf.

Art. 180. Diejenigen, die sich an einem öffentlichen Orte zusammenrotten, um eine Handlung des Hasses, der Rache oder der Mifsachtung gegen einen Einwohner zu begehen, oder die freie Ausübung oder den Genufs der persönlichen Rechte zu verhindern oder zu stören, oder ein Verbrechen zu begehen, werden, wenn die Ausführung noch nicht begonnen ist, sondern nur eine vorbereitende Handlung oder sonst ein Lärm oder eine Störung der öffentlichen Ordnung vorliegt, zu Besserungshaft bis zu sechs Monaten verurteilt, wenn die Versammlung bewaffnet ist; im entgegengesetzten Falle tritt Besserungshaft bis zu drei Monaten ein.

Einziger §: Die Verschwörung ist nur strafbar, wenn ein Anfang von Ansammlung, oder eine vorbereitende Handlung vorliegt, und in diesem Falle wird Gefängnis bis zu drei Monaten auferlegt.

Kapitel II.

Beleidigungen und Gewalttätigkeiten gegen die Staatsbehörden, Widerstand und Ungehorsam.

1. Abschnitt.

Beleidigung der Staatsbehörden.

Art. 181. Wer unmittelbar durch Worte, Drohungen oder Handlungen, die die der Obrigkeit geschuldete Achtung verletzen, einen Minister oder Staatsrat, ein Mitglied der gesetzgebenden Kammern, oder der Abordnungen dieser Kammern, einen Gerichts-, Verwaltungs- oder Staatsanwaltschaftsbeamten, einen Lehrer oder öffentlich Prüfenden, einen Geschworenen oder Befehlshaber der bewaffneten Macht in Gegenwart des Betreffenden und bei der Ausübung seiner Obliegenheiten beleidigt — auch wenn die Beleidigung sich nicht darauf bezieht, oder wenn er die Befugnisse nicht ausübt, aber wegen der letzteren — wird zu Besserungshaft bis zu einem Jahre verurteilt. Wenn dies Verbrechen nicht öffentlich stattgefunden hat, so übersteigt die Gefängnisstrafe nicht sechs Monate.

§ 1. Der öffentliche Beamte, der in der Ausübung seiner Obliegenheiten seinen Oberen durch Worte, Drohungen oder Handlungen in dessen Gegenwart, oder durch eine unmittelbar an diesen gerichtete Schrift beleidigt, selbst wenn er es in diesem Falle in der Ausübung seiner Obliegenheiten tut, sich jedoch auf einen dienstlichen Vorgang bezieht, gleichviel ob Öffentlichkeit vorliegt oder nicht, wird zu Besserungshaft bis zu einem Jahre und entsprechender umwandelbarer Strafe verurteilt.

§ 2. Mit der in § 1 dieses Artikels angegebenen Strafe wird die Beleidigung belegt, die in öffentlicher Sitzung einer der gesetzgebenden Kammern gegen eines ihrer Mitglieder oder einen Staatsminister, auch wenn er nicht anwesend ist, oder gegen diese Kammer selbst, und desgleichen in öffentlicher Sitzung eines Gerichtshofes oder Verwaltungsgerichts oder einer behördliche Tätigkeit ausübenden Körperschaft gegen eines ihrer Mitglieder, auch wenn es nicht anwesend ist, oder gegen das Gericht oder die Körperschaft selbst begangen wird.

Art. 182. Das im vorigen Artikel angegebene, gegen einen Vertreter der Behörde oder der bewaffneten Macht, einen Sachverständigen oder Zeugen in der Ausübung der betreffenden Obliegenheiten begangene Verbrechen wird mit Besserungshaft bis zu drei Monaten bestraft.

2. Abschnitt.

Gewalttätigkeiten gegen die Staatsbehörden.

Art. 183. Der körperliche Angriff gegen eine der im Artikel 181 bezeichneten Personen in der Ausübung ihrer Obliegenheiten, oder wegen dieser, wird mit Besserungshaft bis zu einem Jahre und entsprechender umwandelbarer Strafe belegt.

§ 1. Wenn der Angriff in Bedrohungen mit einer Waffe besteht oder von einer Vereinigung von mehr als drei Personen verübt wird, die in der Lage sind unmittelbar Übel zu verursachen, so wird Besserungshaft und umwandelbare Strafe verhängt.

§ 2. Wenn eine der im Artikel 360, No. 1, 2, 3 und 4 bezeichneten Wirkungen entsteht, so tritt Zuchthausstrafe von zwei bis zu acht Jahren, oder wahlweise, zeitige Verbannung ein.

§ 3. Wenn die Wirkung des Angriffs eine der in No. 5 des Artikels 360 angeführten oder eine bedeutendere ist, so wird die Strafe auferlegt, die für das Verbrechen bestimmt ist, das unter erschwerenden Umständen verübt wird.

Art. 184. Wenn die körperlichen Angriffe, von denen der vorige Artikel handelt, auf eine der im Artikel 182 genannten Personen verübt werden, so werden die im Artikel 359 und den folgenden für körperliche Angriffe festgesetzten Strafen, jedoch stets verschärft, auferlegt.

Art. 185. Wer Widerspruch und Lärm vor einer obrigkeitlichen Verwaltungs- oder Gerichtsperson, oder einem öffentlichen Lehrer in der Ausübung seiner Obliegenheiten, oder in der Sitzung einer der gesetzgebenden Kammern, einer Verwaltungskörperschaft oder einem Prüfungsausschufs erhebt, wird zu Besserungshaft bis zu sechs Monaten verurteilt.

§ 1. Wer die Ordnung bei den öffentlichen Handlungen in einer Anstalt, einem Schauspiel, einer Feierlichkeit oder öffentlichen Versammlung stört, wird zu Besserungshaft bis zu drei Monaten verurteilt.

§ 2. Wer an einem öffentlichen Ort Geschrei gegen die Sicherheit des Staates, die öffentliche Ordnung oder Ruhe erhebt, wird zu der im vorigen Paragraphen festgesetzten Strafe verurteilt.

§ 3. Wer sich an einem öffentlichen Ort im offenbaren Zustande der Trunkenheit zeigt, wird als Übertreter zu der in Geldbufse umwandelbaren Strafe bis zu acht Tagen verurteilt.

Der erste Rückfall wird mit Gefängnis von zehn Tagen bestraft; der zweite mit Gefängnis von 14 Tagen; die folgenden mit Gefängnis von einem Monat und umwandelbarer Strafe.

§ 4. Wer die auf Anordnung der Regierung oder der Gerichts- oder Verwaltungsbehörde an einem Orte oder an beweglichen Gegenständen angebrachten Siegel abreifst oder bricht, oder die von diesen Behörden erlassenen Bekanntmachungen herunterreifst oder auf irgend eine Art unbrauchbar macht, wird in den Fällen, in denen das Gesetz nicht eine verschiedene Strafe festsetzt, zu Besserungshaft bis zu drei Monaten verurteilt.

§ 5. Das Abreifsen oder Aufbrechen von Siegeln, die auf Anordnung der Regierung oder der Gerichts- oder Verwaltungsbehörde an Papieren oder andern Gegenständen einer Person angebracht sind, die eines mit einer höheren Strafe bedrohten Verbrechens angeschuldigt ist, wird mit dem Höchstmafs der Besserungshaft bestraft.

3. Abschnitt.
Widerstand.

Art. 186. Wer unter Anwendung von Gewalttätigkeiten oder Drohungen Widerstand dagegen leistet, dafs die öffentliche Behörde ihre Obliegenheiten ausübt, oder dafs ihre darauf bezüglichen Befehle ausgeführt werden, sei es, dafs der Widerstand unmittelbar gegen diese Behörde erfolgt, sei es, dafs er gegen einen ihrer unteren Beamten oder Beauftragten stattfindet, der als solcher bekannt ist und seine Obliegenheiten ausübt, um die Gesetze oder die genannten Befehle auszuführen, wird verurteilt:

1. Zu Besserungshaft bis zu zwei Jahren und umwandelbarer Strafe bis zu zwei Jahren, wenn der Widerstand die Wirkung hervorgebracht hat, dafs die Ausübung oder Ausführung verhindert wird, und wenn er mit Waffen oder von mehr als zwei Personen geleistet worden ist.

2. Zu Besserungshaft bis zu zwei Jahren und umwandelbarer Strafe bis zu sechs Monaten, wenn in dem in No. 1 dieses Artikels vorgesehenen Falle der Widerstand ohne Waffen oder von weniger als drei Personen geleistet worden ist.

3. Zu Besserungshaft bis zu einem Jahre in allen übrigen Fällen.

Einziger §: Wenn die zu dem Widerstande angewendeten Mittel oder dessen Zweck ein Verbrechen bilden, auf das eine schwerere als die in diesem Artikel festgesetzte Strafe anwendbar ist, so werden die allgemeinen Regeln für die Häufung von Verbrechen beobachtet.

Art. 187. Jede gewalttätige Handlung zur Nötigung eines öffentlichen Beamten, eine Befugnis auszuüben, zu der das Gesetz ihn nicht verpflichtet, wird, wenn sie eine Wirkung gehabt hat, unter Anwendung der allgemeinen Bestimmungen über das Verbrechen des Widerstandes bestraft.

4. Abschnitt.

Ungehorsam.

Art. 188. Wer sich weigert einen Dienst von öffentlichem Nutzen, zu dem er zuständigerweise ernannt oder aufgefordert worden ist, zu leisten oder leisten zu lassen, oder wer des Gehorsams ermangelt, den er den gesetzmäſsigen Anordnungen oder Befehlen der öffentlichen Behörde oder ihrer Vertreter schuldig ist, wird zu Besserungshaft bis zu drei Monaten verurteilt, wenn nicht durch Gesetz oder Bestimmung von gleicher Kraft eine verschiedene Strafe festgesetzt worden ist.

§ 1. Dieser Bestimmung sind diejenigen unterworfen, die die Verfügungen von gehörig veröffentlichten Anschlägen der zuständigen Behörde übertreten.

§ 2. Die in diesem Artikel festgesetzte Strafe wird durch umwandelbare Strafe von sechs Monaten verschärft, wenn schwerer Ungehorsam vorliegt.

§ 3. Der Ungehorsam wird schwer genannt, wenn verweigert oder unterlassen wird, Dienste zu tun oder Beistand zu leisten, die im Falle offenbarer Straftat gefordert werden, oder um die Flucht eines Verbrechers zu verhindern, oder bei Aufläufen, Schiffbruch, Überschwemmung, Feuersbrunst oder andrer Notlage, oder bei sonstigen Ereignissen, bei denen die öffentliche Ruhe gefährdet werden kann.

Art. 189. Als schwerer Ungehorsam wird angesehen, der von Personen in der Eigenschaft als Geschworener, Zeuge, Sachverständiger, Übersetzer, Vormund oder Mitglied des Familienrats begangen wird.

Kapitel III.

Von der Entziehung und Flucht von Gefangenen und von denen, die ihre Verurteilungen nicht verbüſsen.

1. Abschnitt.

Von der Entziehung und Flucht von Gefangenen.

Art. 190. Wer mittels Gewalttätigkeiten oder Drohungen der öffentlichen Behörde, ihren Unterbeamten oder Vertretern, oder einer Person aus dem Volke in den Fällen, in denen diese festnehmen kann, einen Gefangenen entzieht oder zu entziehen sucht, wird zu den Strafen wegen Widerstandes verurteilt.

Einziger §: Wenn die Entziehung des Gefangenen mittels einer betrügerischen List geschieht, überschreitet die Besserungshaft nicht ein Jahr.

Art. 191. Der Gefangene, der entweicht bevor das Urteil rechtskräftig geworden ist, unterliegt den Ordnungsstrafen der Vorschriften des Gefängnisses oder Gewahrsams, unbeschadet der Verantwortlichkeit für die Verbrechen, die er begangen hat, um die Flucht zu bewerkstelligen: aber wenn er verurteilt wird, wird die Entweichung als erschwerender Umstand angesehen.

Art. 192. Jeder mit der Bewachung eines Gefangenen beauftragte Beamte oder Bevollmächtigte, der sträflicherweise die Flucht dieses Gefangenen herbeigeführt oder erleichtert hat, wird, wenn letzterer wegen eines Verbrechens festgenommen war, wofür das Gesetz eine schwerere als zeitige höhere Gefängnisstrafe auferlegt, zu Zuchthaus von zwei bis zu acht Jahren, oder wahlweise, zu zeitiger Verbannung nie unter sechs Jahren verurteilt.

Einziger §: Im Fall zeitige höhere Gefängnisstrafe oder eine andre weniger schwere Strafe für das Verbrechen auferlegt ist, oder wenn aus einem sonstigen andren Grunde Gefängnis verhängt wird, so wird der Beamte oder Bevollmächtigte zu Zuchthaus von zwei bis zu acht Jahren, oder wahlweise, zu zeitiger Verbannung, oder zum Höchstmafs der Besserungshaft, je nach den Umständen, verurteilt.

Art. 193. Wenn die Flucht stattgefunden hat, ohne dafs seitens der im vorigen Artikel erwähnten Beamten oder Bevollmächtigten die dort genannten Umstände zutreffen, und wenn diese Bevollmächtigten nicht Zufall oder höhere Gewalt nachweisen, die jeden Vorwurf der Nachlässigkeit ausschliefsen, so werden sie im Falle des vorigen Artikels mit Gefängnis von einem Monat bis zu einem Jahre, und im Falle des einzigen Paragraphen desselben Artikels mit Gefängnis von vierzehn Tagen bis zu sechs Monaten bestraft.

§ 1. Die Strafe dieses Artikels hört auf, sobald der entwichene Gefangene ergriffen wird, wenn er nicht nach der Flucht ein Verbrechen begangen hat, für das er festgenommen werden mufste.

§ 2. Wenn die Bevollmächtigten, von denen die vorigen Artikel handeln, Militärpersonen sind, so wird die gesetzliche Annahme der Nachlässigkeit nicht über den Befehlshaber der bewaffneten Macht und seinen Vertreter hinaus ausgedehnt, es werde denn das Gegenteil bewiesen, und ausgenommen das, was in den Militärgesetzen in den Fällen der Festnahme der Militärpersonen und über die Dienstvergehen verfügt worden ist.

Art. 194. Wenn die Flucht aus dem Gefängnisse oder dem Orte des Gewahrsams mittels Einbrechens, Ersteigens oder falschen Schlüssels, oder sonstiger Gewaltsamkeit stattgefunden hat, so wird jeder Beamte oder Bevollmächtigte, der mit der Bewachung des Gefangenen beauftragt, entweder der Urheber des Einbrechens, Ersteigens oder der Gewalttätigkeiten ist, oder Werkzeuge oder Waffen zu diesem Zwecke liefert, oder zu ihrer Lieferung beiträgt oder sich ihr sträflicherweise nicht widersetzt, zu Zuchthaus von vier Jahren mit darauf folgender Verbannung auf acht, oder zu Zuchthaus von zwei bis zu acht Jahren, oder wahlweise, zu der festen Strafe der Verbannung auf fünfzehn Jahre, oder zu zeitiger höherer Gefängnisstrafe, je nach den Umständen, verurteilt.

§ 1. Wenn andre Personen das Einbrechen, Ersteigen, Öffnen der Türen oder Fenster mit falschem Schlüssel, oder sonstige andre Gewalttätigkeit ausführen, um die Flucht des Gefangenen zu besorgen oder zu erleichtern, so werden sie zu Zuchthaus von zwei bis zu acht Jahren, oder wahlweise, zu zeitiger Verbannung verurteilt.

§ 2. Die im vorigen Paragraphen genannten Personen, die dem Gefangenen nur Waffen oder andre Werkzeuge geliefert haben, um zu entweichen, werden zu Zuchthaus von zwei bis zu acht Jahren, oder wahlweise, zu zeitiger Verbannung verurteilt, wenn die Entweichung erfolgt, und zu Besserungshaft im entgegengesetzten Falle; sind sie aber Verwandte auf- oder absteigender Linie, Gatten, Geschwister oder Verwandte gleichen Grades des Gefangenen, so verfallen sie nur in strafrechtliche Verantwortlichkeit, wenn dieser von den Waffen oder andren Werkzeugen gegen eine Person Gebrauch gemacht hat.

Art. 195. In den in diesem Abschnitt angegebenen Fällen, mit Ausnahme des Artikels 193, erfolgt für die vom Richter nach seinem Ermessen festgesetzte Zeit Polizeiaufsicht.

2. Abschnitt.

Von denen, die ihre Verurteilungen nicht verbüßen.

Art. 196. Wer, nachdem er durch rechtskräftig gewordenen Spruch verurteilt ist, entweicht, ohne seine Strafe zu verbüßen, wird für die Zeit, in der er flüchtig ist, mit der doppelten Strafe des Urteils belegt, vorbehaltlich der Bestimmungen in den folgenden Paragraphen.

§ 1. Die Vermehrung der im Urteil angegebenen Strafdauer kann in keinem Falle die Hälfte der Strafzeit übersteigen.

§ 2. Wenn die Strafe gemischt ist, so wird die Erhöhung, von der der vorige Paragraph handelt, nur in Beziehung auf die Art der Strafe berechnet, die der Verurteilte zu der Zeit verbüßt, in der er entweicht.

Kapitel IV.

Von denen, die Verbrecher aufnehmen.

Art. 197. Wer eine zu einer höheren Strafe verurteilte Person wissentlich in seinem Hause oder an einem andern Orte unterbringt oder verbirgt oder unterbringen oder verbergen läßt, wird, je nach den Umständen, zu Gefängnis bis zu zwei Jahren, oder zu umwandelbarer Strafe verurteilt.

§ 1. Wenn in dem in diesem Artikel angegebenen Falle nur Anklagezustand vorliegt, so tritt Gefängnis bis zu einem Jahre, oder entsprechende in Geldbufse umwandelbare Strafe, je nach den Umständen, ein.

§ 2. Von der Bestimmung dieses Artikels und seines Paragraphen werden ausgenommen die Verwandten auf- und absteigender Linie dessen, der untergebracht oder verborgen worden ist, der Gatte oder die Gattin, die Brüder oder Schwestern und die Verwandten in denselben Graden.

Art. 198. Wer absichtlich und gewohnheitsmäfsig Verbrecher unterbringt oder beherbergt, wissend, dafs sie Verbrechen gegen die Sicherheit des Staates, oder die öffentliche Ruhe und Ordnung, oder gegen Personen oder Eigentum begangen haben, sei es, dafs er diese Unterkunft nacheinander gewährt, sei es, dafs er ihnen einen Versammlungsort giebt, wird als Mitschuldiger der Verbrechen bestraft, die jene Übeltäter nach der ersten Tatsache der Beherbergung begehen.

Kapitel V.

Von den Verbrechen gegen die Ausübung der staatsbürgerlichen Rechte.

Art. 199. Wenn eine Wahlversammlung oder Wahlgemeinschaft verhindert wird, in Erfüllung des Gesetzes ihre Obliegenheiten zu der Zeit, an dem Orte, die zuständigermafsen bestimmt sind, auszuüben, und diese Verhinderung durch Lärm oder sonstige Gewaltsamkeit verursacht worden ist, so werden die Anstifter oder Führer mit Zuchthaus von zwei bis zu acht Jahren, oder wahlweise mit zeitiger Verbannung bestraft. Die andern Täter werden mit Besserungshaft von sechs Monaten bis zu zwei Jahren und Verlust der staatsbürgerlichen Rechte auf fünf Jahre bestraft.

Art. 200. Wenn ein Staatsbürger entweder durch Lärm oder sonstige Gewalttätigkeit, oder durch Drohungen verhindert wird, seine staatsbürgerlichen Rechte auszuüben, so wird der Straffällige oder werden die Straffälligen mit Gefängnis von drei Monaten bis zu zwei Jahren und Verlust der staatsbürgerlichen Rechte auf fünf Jahre bestraft.

Einziger §: Wenn die gewalttätige Handlung schwerere Strafe verdient, so wird diese verhängt.

Art. 201. In jedem der in den vorigen Artikeln gemeinten Fälle werden die für Aufruhr festgesetzten Strafbestimmungen angewendet, wenn der Lärm oder die Vereinigung infolge einer Verabredung zwischen verschiedenen Personen stattgefunden hat, um eine dieser Straftaten in mehr als einem Wahlkreise zu begehen.

Art. 202. Wenn in irgend einer Wahlversammlung oder Wahlgemeinschaft während des Vorganges der Wahl der Vorsitzende oder ein Mitglied des Vorstandes beleidigt oder angegriffen wird, so ist die Bestimmung über die gegen die Mitglieder der Verwaltungskörper begangenen Beleidigungen und Gewalttätigkeiten zu beobachten.

Art. 203. Wenn während des Verfahrens der Wahlversammlung oder Wahlgemeinschaft eine Fälschung entdeckt wird, die in irgend einer der Listen vorgenommen worden ist, in denen die von den Staatsbürgern in der Ausübung ihres Rechtes abgegebenen Stimmen enthalten sind, oder wenn eine dieser Listen unterdrückt, eine andre hinzugefügt, oder irgend eine Abstimmung geändert wird, so wird der Täter, wenn er Mitglied des Vorstandes ist, zum Verlust der staatsbürgerlichen Rechte auf zwanzig Jahre und zu Gefängnis bis zu einem Jahre verurteilt.

Einziger §: Begeht eine andre Person die in diesem Artikel genannte Straftat, so tritt Verlust der staatsbürgerlichen Rechte auf fünf Jahre und Gefängnis bis zu einem Jahre ein.

Art. 204. Wer bei einer Wahl zu irgend einem Preise eine Stimme kauft oder verkauft, verliert alle seine staatsbürgerlichen Rechte auf eine Dauer bis zu zehn Jahren und zahlt eine Geldstrafe gleich dem doppelten des Preises.

Art. 205. In allen Fällen, die nicht in den vorigen Artikeln enthalten sind, werden die Bestimmungen beobachtet, die sich in den Sondergesetzen für die Wahlen finden.

Kapitel VI.

Von den Fälschungen.

1. Abschnitt.

Von der Fälschung der Münze, heimischer Banknoten und einiger Papiere des Staates.

Art. 206. Wer Gold- oder Silbermünze von der Form derjenigen fälscht, die gesetzlichen Umlauf im Königreich haben, und sie weitergibt, indem er sich ihrer auf irgend eine Art bedient, oder sie zum Verkauf ausstellt, und ebenso wer auf Verabredung mit dem Hersteller oder als dessen Mitschuldiger eine dieser Handlungen begeht oder daran teilnimmt, wird zu acht Jahren Zuchthaus und darauf folgender Verbannung auf zwölf Jahre, oder wahlweise, zu der festen Strafe der Verbannung auf fünfundzwanzig Jahre verurteilt.

§ 1. In dieselbe Strafe verfällt, wer heimische Banknoten oder Staatsschuldverschreibungen oder Zinspapiere der portugiesischen Staatsschuld fälscht.

§ 2. Hat nur die Herstellung stattgefunden, so tritt Zuchthaus von vier Jahren und darauf folgende Verbannung auf acht, oder wahlweise, die feste Strafe der Verbannung auf fünfzehn Jahre ein.

Art. 207. Wer ohne Verabredung mit dem Hersteller und ohne dessen Mitschuldiger zu sein, die genannte Münze, die Noten, gefälschten Schuldverschreibungen oder Zinspapiere weitergibt oder sie zum Verkauf ausstellt, wird zu Zuchthaus von zwei bis zu acht Jahren, oder wahlweise, zu zeitiger Verbannung verurteilt.

Art. 208. Die Zuchthausstrafe von zwei bis zu acht Jahren, oder wahlweise, die zeitige Verbannung tritt ein:

1. Für den, der ohne gesetzliche Ermächtigung irgend eine Gold- oder Silbermünze mit demselben Wert der echten herstellt, oder weitergibt oder zum Verkaufe ausstellt.

2. Für den, der die genannten echten Geldstücke beschneidet oder auf sonstige Art ihren Wert vermindert und die so gefälschte Münze weitergibt oder zum Verkaufe ausstellt.

3. Für den, der auf Verabredung mit dem Hersteller oder aus Mitschuld eine der in diesem Artikel angegebenen Handlungen begeht oder daran teilnimmt.

§ 1. Wenn die so gefälschte Münze nicht zum Verkaufe ausgestellt und auch nicht weiter gegeben worden ist, so tritt Besserungshaft ein.

§ 2. Wer die genannte Münze, die auf irgend eine der in diesem Artikel erwähnten Arten gefälscht worden ist, weitergibt oder zum Verkaufe ausstellt, ohne sich mit dem Hersteller zu verständigen und ohne dessen Mitschuldiger zu sein, wird zu dem Höchstmaſs der Besserungshaft und zum Höchstmaſs der umwandelbaren Strafe verurteilt.

Art. 209. Wenn in einem der in den vorigen Artikeln angegebenen Fälle der Weitergeber erst Kenntnis von der Unechtheit erlangt hat, nachdem er die Münze als echte empfangen hat, tritt je nach seinem Einkommen umwandelbare Strafe von vierzehn Tagen bis zu einem Jahre ein, jedoch nie weniger als das Doppelte des Wertes, der durch die weitergegebenen Geldstücke dargestellt wird.

Art. 210. Die in den Artikeln dieses Abschnittes angegebenen Strafen für die Weitergeber gefälschter Münzen, Noten, Staatsschuldscheine oder Zinspapiere finden auf diejenigen Anwendung, die sie in portugiesisches Gebiet einführen.

§ 1. Die Zuchthausstrafe von zwei bis zu acht Jahren, oder wahlweise, die zeitige Verbannung findet auf denjenigen Anwendung, der Münzstempel und Platten, oder Formen mit Wasserzeichen, die ausschlieſslich zur Fälschung von Münze oder Noten, oder sonstigen Staatsschuldscheinen oder Geldwerten dienen, herstellt, einführt, zum Verkaufe ausstellt, verkauft oder auf irgend eine Art liefert, besitzt, zurückhält oder dazu behilflich ist.

§ 2. Die Besserungshaft und umwandelbare Strafe findet auf denjenigen Anwendung, der ohne Genehmigung der Regierung Druck- oder Stempelpressen und Randformen, die, wenn auch nicht ausschliefslich, zur Fälschung von Geld, Noten oder Papieren, die im vorigen Paragraphen näher bezeichnet sind, herstellt, einführt, zum Verkaufe ausstellt, verkauft oder auf sonstige Art liefert, besitzt, zurückhält oder dazu behülflich ist.

§ 3. Die Bestimmung der vorigen Paragraphen ist nicht anwendbar auf die Banken, Gesellschaften oder Anstalten in Beziehung auf die Herstellung von Geld, Noten oder andren Papieren, die ihnen durch Sondergesetze übertragen oder erlaubt ist, auch nicht auf die Personen, die zu demselben Zweck mit der Regierung oder den genannten Banken, Gesellschaften oder Anstalten Verträge abgeschlossen haben.

Art. 211. Wenn in den verschiedenen, in den vorigen Artikeln angegebenen Fällen die Münze nicht aus Gold oder Silber, sondern aus andrem Metall besteht, so finden bei den Strafen die folgenden Änderungen statt:

1. Wenn die Strafe acht Jahre Zuchthaus und darauf folgende Verbannung auf zwölf, oder wahlweise, die feste Strafe der Verbannung auf fünfundzwanzig Jahre ist, so wird Zuchthaus von zwei bis zu acht Jahren, oder wahlweise, zeitige Verbannung angewendet.

2. Wenn die Strafe Zuchthaus von zwei bis zu acht Jahren, oder wahlweise, zeitige Verbannung ist, so wird das Höchstmafs der Besserungshaft mit umwandelbarer Strafe, oder ohne sie, angewendet.

3. Wenn die Strafe das Höchstmafs der Besserungshaft ist, so wird Besserungshaft bis zu einem Jahre angewendet.

4. Wenn die Strafe Besserungshaft ist, so wird dieselbe Strafe bis zu sechs Monaten angewendet.

Art. 212. Wer auf portugiesischem Gebiet eines der in diesem Abschnitt genannten Verbrechen begeht, indem er fremde Münze, die keinen gesetzlichen Umlaufswert im Königreiche hat, fälscht oder weitergibt oder gefälscht einführt, wird nach den im vorigen Artikel aufgestellten Regeln verurteilt.

Art. 213. Frei von Strafe ist der Mitschuldige, der vor der Vollendung eines der in den vorigen Artikeln aufgezählten Verbrechen und vor der Einleitung des Strafverfahrens der Staatsbehörde Kenntnis von diesem Verbrechen, seinen Umständen und von den übrigen Mitschuldigen gibt. Es kann jedoch auf Polizeiaufsicht für die nach dem Gutachten der Richter bestimmte Zeit erkannt werden.

Einziger §: In allen in diesem Abschnitt angegebenen Fällen wird der Käufer als Mitschuldiger des Weitergebers bestraft.

Art. 214. Wer Geld, das gesetzlichen Umlaufswert im Königreiche hat, abweist, wird zur Zahlung des neunfachen Wertes des zurückgewiesenen Geldes verurteilt.

2. Abschnitt.

Von der Fälschung der Wertpapiere.

Art. 215. Wer Zahlungsanweisungen von Banken oder Geldanstalten oder andre, in den vorigen Artikeln nicht besonders aufgeführte Wertpapiere, deren Ausgabe im Königreiche gesetzlich genehmigt ist, fälscht, oder sie einführt oder auf portugiesischem Gebiet in Umlauf setzt, oder Gebrauch von ihnen macht, wird zu Zuchthaus von vier Jahren und darauf folgender Verbannung auf acht, oder wahlweise, zu der festen Strafe der Verbannung auf fünfzehn Jahre verurteilt.

§ 1. Wenn die Ausgabe nur im Auslande gesetzlich genehmigt ist und das Verbrechen auf portugiesischem Gebiete begangen wird, so wird Zuchthausstrafe von zwei bis zu acht Jahren, oder wahlweise, zeitige Verbannung angewendet.

§ 2. Wenn bei der Einführung, Weitergabe oder beim Gebrauch dieser Wertpapiere kein Einverständnis mit dem Fälscher oder mit einem andern Einführenden oder Weitergeber besteht, so tritt Besserungshaft und umwandelbare Strafe ein.

Art. 216. Zu Zuchthaus von zwei bis zu acht Jahren, oder wahlweise, zu zeitiger Verbannung wird verurteilt, wer auf eine der unten angegebenen Arten eine Fälschung begeht, die eine dritte Person oder den Staat schädigt oder durch ihr Wesen schädigen kann:

1. Wenn er Bestimmungen, Verpflichtungen oder Entlastungen auf irgend einem Schriftstück, Wertpapier, einer Urkunde, einer Verhandlung oder einem Schreiben, das nach dem Gesetz dieselbe Glaubhaftigkeit wie öffentliche Schriftstücke haben mufs, herstellt.

2. Wenn er auf den genannten Urkunden eine falsche, oder die Unterschrift einer angenommenen Person anbringt.

3. Wenn er eine falsche Angabe irgend einer Tatsache macht, die durch diese Urkunden bescheinigt oder glaubhaft gemacht werden soll, oder die für die Gültigkeit dieser Urkunden wesentlich ist.

4. Wenn er auf den genannten Urkunden, nachdem sie abgeschlossen sind, in irgend einem Teile etwas hinzufügt, ändert oder wegnimmt, derart, dafs ihr Wesen oder ihr Zweck durch die Hinzufügung, Wegnahme oder Änderung der Bestimmungen, Verpflichtungen oder Entlastungen, oder das Wesen und der Zweck der Tatsachen geändert wird, die diese Urkunden bescheinigen oder beglaubigen sollen.

5. Wenn er vollständig falsche Urkunden dieser Art herstellt.

Einziger §: Wenn bewiesen wird, dafs eine der in diesem Artikel angegebenen Fälschungen aus reiner Unachtsamkeit, Nachlässigkeit oder Nichtbefolgung der betreffenden Vorschrift begangen worden ist, so tritt in allen Fällen Besserungshaft ein.

Art. 217. Zu derselben Strafe wird verurteilt, wer auf eine der in dem vorigen Artikel bezeichneten Arten eine Fälschung auf Wechseln, oder einem sonstigen, durch Vermerk übertragbaren Handelspapier begeht.

Art. 218. Zu Zuchthausstrafe von zwei bis zu acht Jahren, oder wahlweise, zu zeitiger höherer Gefängnisstrafe wird der öffentliche Beamte verurteilt, der in der Ausübung seiner Obliegenheiten eine Fälschung auf einem öffentlichen Schriftstück, Wertpapier, einer Urkunde, Verhandlung oder einem Schreiben von gleicher Kraft vornimmt, durch die eine dritte Person oder der Staat geschädigt wird oder geschädigt werden kann:

1. Wenn er eine vollständig falsche Urkunde herstellt.

2. Wenn er die Handschrift, Unterzeichnung, die Aufschrift oder das Zeichen eines andern nachmacht.

3. Wenn er in einer Handlung das Eingreifen von Personen vorgibt, die dabei nicht vorkommen.

4. Wenn er den bei einer Handlung Beteiligten Erklärungen zuschiebt, die sie garnicht oder anders abgegeben haben.

5. Wenn er bei der Darstellung oder Angabe der zur Gültigkeit eines Schriftstücks wesentlichen Tatsachen, oder derjenigen, die durch das Schriftstück bescheinigt werden sollen, der Wahrheit ermangelt.

6. Wenn er die wirklichen Zeitangaben ändert.

7. Wenn er auf einem echten Schriftstück eine Änderung oder Einschaltung anbringt, die den Sinn oder den Wert des Schriftstücks ändert.

8. Wenn er falsche Tatsachen als wahr bescheinigt oder anerkennt.

9. Wenn er eine Übertragung, einen Schein oder eine Abschrift, woraus etwas glaubhaft zu machen ist, oder ein angebliches Schriftstück in öffentlicher Form ausstellt, oder darin etwas erklärt, das von dem verschieden ist, was sich in der Urschrift findet.

10. Wenn er einen Vorgang, ohne dafs der rechtlich vorhanden ist, aufzeichnet, in ein amtliches Buch oder Verzeichnis einträgt oder vermerkt, wenn das Gesetz den Vermerk vorschreibt, oder wenn er ausstreicht, was stehen bleiben mufs.

> Einziger §: Wenn bewiesen wird, dafs eine der in diesem Artikel angegebenen Fälschungen aus reiner Unachtsamkeit, Nachlässigkeit oder Nichtbeachtung der betreffenden Vorschrift begangen ist, so tritt Besserungshaft und unwandelbare Strafe ein.

Art. 219. Wer auf eine der im Artikel 218 genannten Arten ein nicht in diesem Artikel erwähntes Schriftstück fälscht, wird zu Besserungshaft und umwandelbarer Strafe verurteilt.

Art. 220. Dieselben Strafen treten für eine Fälschung ein, die auf eine der in den vorigen Artikeln genannten Arten in dem auszufüllenden Raume über einer Unterschrift begangen wird, selbst wenn sie von dem Unterzeichner absichtlich vollzogen ist.

Art. 221. Die Strafen für Mitschuld treffen den Zeugen des öffentlichen oder nicht öffentlichen Schriftstücks, der wissentlich an der Fälschung beteiligt ist, ausgenommen, wenn er als Urheber angesehen werden muſs.

Art. 222. Wer von den in den vorigen Artikeln genannten falschen Schriftstücken Gebrauch macht, oder sträflicherweise irgend einen Vorgang eintragen, oder eine Eintragung streichen läſst, wird verurteilt, als sei er der Urheber der Fälschung.

Art. 223. Die in den vorigen Artikeln aufgestellten Regeln erleiden bezüglich der Bescheinigungen, Pässe, Geleitscheine oder Reisepapiere die in den folgenden Artikeln angegebenen Ausnahmen.

Art. 224. Zu Besserungshaft und umwandelbarer Strafe wird verurteilt:

1. Jeder Arzt oder jede durch das Gesetz zur Ausstellung von Bescheinigungen über Krankheiten oder Verletzungen ermächtigte Person, die in der Absicht, daſs jemand von irgend einem öffentlichen Dienst befreit werde, fälschlich eine Krankheit oder Verletzung, die diese Wirkung haben muſs, bescheinigen.

2. Jeder, der unter dem Namen irgend eines Arztes oder einer durch das Gesetz zuständig ermächtigten Person eine Bescheinigung dieser Art herstellt.

3. Jeder, der im Namen eines öffentlichen Beamten eine Empfehlung herstellt, worin er irgend welche Umstände zu Gunsten der darin bezeichneten Person bescheinigt, und ebenso, wer die ursprünglich echte Bescheinigung eines öffentlichen Beamten durch den Wechsel des Namens der bezeichneten Person ändert.

4. Jeder öffentliche Beamte, der, gegen die allgemein bekannte Wahrheit verstoſsend, fälschlich Tatsachen oder Umstände bescheinigt, die der Person, zu deren Gunsten oder Ungunsten diese Bescheinigungen ausgestellt werden, Vorteil oder Nachteil bringen können, ausgenommen, wenn er dem Artikel 218 verfällt.

5. Wer von einer dieser falschen Bescheinigungen wissentlich Gebrauch macht.

6. Der mit dem Telegraphendienst beauftragte öffentliche Beamte, der eine empfangene oder zu übertragende Drahtnachricht unterschiebt oder fälscht, oder wer, wenn er nicht der zuständige Beamte ist, dieses Verbrechen begeht oder von der falschen Nachricht wissentlich Gebrauch macht.

§ 1. Der Besitzer einer Mietwohnung für Kostgänger oder eines andern Hauses, wo für Geld Herberge gewährt wird, der in das betreffende Buch oder Verzeichnis, wenn er die Ursache kennt, eine falsche oder untergeschobene Eintragung macht, wird zu Besserungshaft bis zu zwei Monaten und umwandelbarer Strafe verurteilt.

§ 2. Wer, ohne in diesen oder in einen der vorigen Artikel einbegriffen zu sein, eine falsche Bescheinigung ausstellt, desgleichen wer wissentlich von ihr Gebrauch macht, wird zu Besserungshaft bis zu drei Monaten und entsprechender umwandelbarer Strafe verurteilt.

§ 3. Die Bestimmung in diesem Artikel und seinen Paragraphen ist unbeschadet einer schwereren Strafe zu verstehen, wenn die strafbaren Handlungen einen Teil der Ausführung eines andern Verbrechens bilden.

Die durch die gefälschte Drahtnachricht hervorgebrachten unmittelbaren Nachteile werden für die Wirkungen dieses Paragraphen und der Artikel, die die Verantwortlichkeit der Urheber und Mitschuldigen regeln, als betrügliche Entziehung fremder Habe angesehen.

Art. 225. Der mit der Ausstellung von Pässen beauftragte öffentliche Beamte, der in der Absicht, jemanden der gesetzlichen Überwachung durch die Behörde zu entziehen, einen Paſs mit untergeschobenem Namen ausstellt, wird zur Entlassung aus dem Amte und zu Gefängnis von einem bis zu zwei Jahren verurteilt.

Einziger §: Wer, wenn er die Person, der er den Paſs gegeben hat, nicht kennt, die Bürgschaft, die die Gesetze und Vorschriften erfordern, nicht verlangt hat, wird zu umwandelbarer Strafe von einem Monat bis zu einem Jahre verurteilt.

Art. 226. Wer entweder einen untergeschobenen Namen annimmt, oder einen falschen Paſs anfertigt, oder den echten wesentlich ändert, oder auf irgend eine dieser Arten von dem gefälschten Passe Gebrauch macht, wird zu Gefängnis von zwei Monaten bis zu zwei Jahren verurteilt.

Einziger §: Die Zeugen, die beigetragen haben, daſs der Paſs mit dem falschen Namen ausgestellt worden ist, werden als Mitschuldige bestraft.

Art. 227. Die in den beiden vorigen Artikeln festgesetzten Strafen sind auf die Fälschung von Geleitscheinen oder Reisepapieren mit der Erklärung anwendbar, daſs, wenn infolge des falschen Geleitscheines oder Reisepapiers der Träger aus dem Staatsschatze einen Betrag erhalten hat, er mit der im Artikel 216 festgesetzten Strafe belegt wird, und ebenso wird der Beamte bestraft, wenn er zu diesem Zweck die Fälschung begangen hat.

3. Abschnitt.

Von der Fälschung der Siegel, Prägestempel und Marken.

Art. 228. Wer Siegel, Prägestempel, Marken oder Handzeichen einer öffentlichen Behörde oder Abteilung fälscht, sie in das Königreich einführt oder von ihnen Gebrauch macht, der nicht in einem andern Artikel besonders als straffällig genannt ist, wird zu Zuchthausstrafe von zwei bis zu acht Jahren, oder wahlweise, zu zeitiger höherer Gefängnisstrafe verurteilt.

Art. 229. Dieselbe Strafe trifft den, der Stempelpapier, Stempelmarken oder Postfreimarken, oder andre gestempelte Gegenstände, deren Lieferung ausschliefslich dem Staate gehört, fälscht, sowie diejenigen, die diese Sachen sträflicherweise in das Königreich einführen, aus- oder weitergeben, zum Verkaufe ausstellen oder von ihnen Gebrauch machen.

Art. 230. Wer eine Fälschung begeht, indem er gefälschte Marken, Siegel oder Stempel eines Goldprüfers oder Abschätzers, deren Zeugnisse nach dem Gesetz vor dem Gericht Glauben finden, benutzt, wird zu Gefängnis von einem bis zu sechs Monaten verurteilt, unbeschadet sonstiger andrer Strafe, wenn Anlafs dazu vorliegt.

§ 1. Wenn die gefälschten Marken, Siegel oder Prägestempel einem Gewerbe- oder Handelsbetrieb gehören, so tritt Gefängnisstrafe von einem bis zu drei Monaten ein, unbeschadet einer höheren Strafe, wenn Grund dazu vorliegt, und unbeschadet des Ersatzes nach den allgemeinen Regeln.

§ 2. Dieselbe Strafe wird dem auferlegt, der Gegenstände zum Verkaufe ausstellt oder in Umlauf setzt, die mit untergeschobenen oder geänderten Namen bezeichnet sind, oder der auf angefertigten Gegenständen den Namen oder die Bezeichnung einer andern als derjenigen Betriebsstelle, wo die Herstellung stattgefunden hat, anbringt oder erscheinen läfst.

§ 3. Dieselbe Strafe trifft auch den, der von Stempelmarken oder Postwertzeichen oder Fahrkarten zur Beförderung von Personen oder Sachen, das Zeichen, dafs sie schon verwendet waren, entfernt, oder der von ihnen in diesem Zustande Gebrauch macht.

§ 4. Wer auf Scheinen oder Ausweisen einer Verwaltung oder Anstalt oder öffentlichen Stelle oder auf Lotterielosen oder auf der betreffenden Ziehungsliste zu dem betrüglichen Zweck, für sich oder einen andern Vorteil zu ziehen, oder eine dritte Person zu schädigen, die Nummer, die Zeitangabe oder den Wert fälscht, oder davon Gebrauch macht, oder sie verkauft oder zum Verkaufe ausstellt, wird zu Besserungshaft verurteilt.

Art. 231. Die in den vorigen Artikeln dieses Abschnitts angegebenen Strafen sind nach den verschiedenen darin bezeichneten Fällen auf den anwendbar, der, um eine Fälschung zum Nachteil des Staates oder einer Person auszuführen, von den echten Werkzeugen Gebrauch macht, die ihm anvertraut worden sind, oder die er auf irgend eine Art in seiner Gewalt gehabt hat.

4. Abschnitt.

Gemeinsame Bestimmung für die vorigen Abschnitte dieses Kapitels.

Art. 232. Die in den Artikeln der vorhergehenden Abschnitte dieses Kapitels festgesetzten Strafen gegen den Gebrauch der falschen Sache treten nicht ein, wenn der, der von ihr Gebrauch gemacht hat, die Fälschung nicht kannte.

§ 1. Bei den Fälschungen ist stets die Tatsache ein mildernder Umstand, dafs von dem öffentlichen oder nichtöffentlichen Schriftstück kein Gebrauch gemacht worden ist, oder der gefälschte Gegenstand nicht verwendet wurde, oder dafs das Ergebnis dieses Gebrauches nicht der Schaden oder Vorteil gewesen ist, zu dem die Fälschung bestimmt war; einschliefslich des Falles, in dem der Vorzeiger eines falschen Schriftstücks vor Gericht erklärt hat, darauf nach den Bestimmungen des bürgerlichen Gesetzes zu verzichten, nachdem es als falsch bezeichnet worden war.

§ 2. Bei allen Fälschungen ist in dem verurteilenden Erkenntnis die Vernichtung der zur Ausführung der Verbrechen besonders bestimmten Werkzeuge, wenn sie gefunden worden sind, und der Verlust der Gegenstände dieser Verbrechen, die mit Beschlag belegt worden sind, zu Gunsten etwa vorhandener Verletzter anzuordnen.

5. Abschnitt.

Von den falschen oder angemafsten Namen, Kleidungen, Ämtern und Titeln.

Art. 233. Wer durch die Annahme eines falschen Namens versucht, sich auf irgend eine Art der gesetzlichen Überwachung der öffentlichen Behörde zu entziehen, oder dem Staate oder Privatleuten Schaden zuzufügen, wird mit Gefängnis von vierzehn Tagen bis zu sechs Monaten, oder mit umwandelbarer Strafe von einem Monat bestraft, unter Vorbehalt dessen, was sich über den Gebrauch falscher Namen in den verschiedenen, in diesem Gesetzbuch erwähnten Fällen aufgestellt findet.

Einziger §: Der Gebrauch eines falschen Namens kann aus rechtmäfsigen Gründen zeitweise von der oberen Verwaltungsbehörde genehmigt werden.

Art. 234. Wer den Namen wechselt, ohne dafs dieser Wechsel mit den Förmlichkeiten, die das bürgerliche Gesetz bestimmt, gehörig genehmigt ist, wird zu umwandelbarer Strafe von einem Monat verurteilt, unter Vorbehalt der Entschädigung für irgend welche Nachteile, die dadurch etwa verursacht sind.

Art. 235. Wer die dem andern Geschlecht eigene Kleidung anzieht und öffentlich mit der Absicht trägt, glauben zu machen, dafs sie ihm gehöre, oder wer auf dieselbe Weise die einem öffentlichen

Amte eigene Dienstkleidung, oder eine ihm nicht gehörige Ordensauszeichnung trägt, wird zu Gefängnis bis zu sechs Monaten und zu umwandelbarer Strafe bis zu einem Monat verurteilt.

Art. 236. Wer ohne gesetzmäfsige Berechtigung oder Ursache Befugnisse ausübt, die einem öffentlichen Beamten eigen sind, indem er sich diese Eigenschaft anmafst, wird mit Gefängnis von einem bis zu zwei Jahren und entsprechender umwandelbarer Strafe belegt, unbeschadet der Strafen wegen Fälschung, sofern zu diesen Grund vorhanden ist.

§ 1. Wenn die Befugnisse die eines Befehlshabers der Land- oder Seemacht sind, so werden, wenn der Täter nicht Soldat ist, zu Kriegszeiten die Bestimmungen der Militärgesetze beobachtet, und die Bestimmung des einzigen Paragraphen des Artikels 307 findet Anwendung.

§ 2. Wer eine Handlung ausführt, die einem Berufe eigen ist, zu der eine Berechtigung erforderlich ist, indem er sich, ohne gesetzmäfsige Berechtigung oder Ursache die Eigenschaft eines Lehrers oder Sachverständigen anmafst, wird zu Gefängnis von sechs Monaten bis zu zwei Jahren und entsprechender umwandelbarer Strafe verurteilt.

Art. 237. Wer sich irgend eine Adelsbezeichnung oder ein Wappen anmafst, das ihm nicht gehört, wird zu Gefängnis bis zu sechs Monaten und umwandelbarer Strafe bis zu einem Monat verurteilt.

6. Abschnitt.

Von dem falschen Zeugnis und andern falschen Erklärungen vor der öffentlichen Behörde.

Art. 238. Wer in einer Strafsache, und über die wesentlichen Umstände der Handlung, die der Gegenstand der Anklage ist, gegen den Angeklagten falsch aussagt, wird zu Zuchthaus von zwei bis zu acht Jahren, oder wahlweise, zu zeitiger höherer Gefängnisstrafe verurteilt.

§ 1. Wenn jedoch der Angeklagte verurteilt worden ist und eine schwerere Strafe erhalten hat, so wird derjenige, der falsch gegen ihn ausgesagt hat, zu derselben Strafe verurteilt.

§ 2. Wer das falsche Zeugnis zu Gunsten des Angeklagten abgibt, wird zu Zuchthaus von zwei bis zu acht Jahren, oder wahlweise, zu zeitiger Verbannung verurteilt.

§ 3. Wenn das Verbrechen nur mit Besserungshaft bedroht ist, so ist die Strafe für das falsche Zeugnis, entweder gegen oder zu Gunsten des Angeklagten, Zuchthaus von zwei bis zu acht Jahren, oder wahlweise, zeitige Verbannung.

§ 4. Das falsche Zeugnis in der Voruntersuchung wird mit den unmittelbar geringeren Strafen geahndet.

§ 5. Das falsche Zeugnis in einer bürgerlichen Rechtssache wird mit Zuchthaus von zwei bis zu acht Jahren, oder wahlweise, mit zeitiger Verbannung bestraft.

Art. 239. Die Strafe für falsches Zeugnis unterbleibt, wenn der, der es abgegeben hat, widerruft, bevor die Verhandlung der Sache beendigt ist.

Einziger §: Wenn das falsche Zeugnis in der Voruntersuchung einer Strafsache abgegeben worden ist, so unterbleibt die Strafe nur, wenn der Widerruf vor der Beendigung dieser Voruntersuchung erfolgt.

Art. 240. In allen, in den vorhergehenden Artikeln angegebenen Fällen wird, wenn das falsche Zeugnis infolge von Geschenken oder Versprechungen abgegeben worden ist, die nach den Bestimmungen dieser Artikel anwendbare Strafe stets verschärft.

§ 1. Was empfangen worden ist, geht zu Gunsten des Staates verloren.

§ 2. Der Bestecher wird mit denselben Strafen belegt.

§ 3. Der Versuch zur Bestechung wird in Übereinstimmung mit den allgemeinen Regeln des Gesetzes bestraft.

Art. 241. Die in den vorhergehenden Artikeln genannten Strafen sind auf die Sachverständigen anwendbar, die vor Gericht eidlich falsche Erklärungen abgegeben haben.

Art. 242. Wer in einer nicht streitigen Untersuchung ein falsches Zeugnis ablegt und ebenso, wer gesetzlich verpflichtet ist über eine, andre Personen oder den Staat betreffende Tatsache, der öffentlichen Behörde mit oder ohne Eid Nachrichten zu geben oder Erklärungen abzulegen, wird, wenn er diese Nachrichten falsch gibt oder diese Erklärungen falsch ablegt, mit zeitigem Verlust der staatsbürgerlichen Rechte und Gefängnis bis zu sechs Monaten bestraft.

Art. 243. Wer, wenn der Ergänzungseid zugelassen worden ist, falsch schwört, wird mit der festen Strafe des Verlustes der staatsbürgerlichen Rechte auf zwanzig Jahre belegt.

Einziger §: Wenn der Gewissenseid zugelassen oder darauf Bezug genommen worden ist, wird der, der falsch schwört, zu derselben Strafe verurteilt, aber die Streitfrage und Anklage kann nur von der Staatsanwaltschaft veranlafst werden.

Art. 244. Wenn jemand gegen eine bestimmte Person böswillig Klage erhebt, so wird er mit Zuchthaus von zwei bis zu acht Jahren, oder wahlweise, zu zeitiger Verbannung verurteilt.

Einziger §: Wenn er wegen einer Straftat Klage erhebt, die nur mit Besserungshaft bedroht ist, oder ihn in den Fällen anschuldigt, in denen keine Anklage stattfindet, so wird er zu Gefängnis von sechs Monaten bis zu zwei Jahren und entsprechender umwandelbarer Strafe verurteilt.

Art. 245. Wer schriftlich, mit oder ohne Unterschrift, eine verleumderische Mitteilung oder Anzeige gegen eine Person unmittelbar an die öffentliche Behörde richtet, wird mit Gefängnis von einem Monat bis zu einem Jahre und Verlust der staatsbürgerlichen Rechte auf fünf Jahre bestraft.

Kapitel VII.

Von der Verletzung der Gesetze über Beerdiguugen, von der Schändung der Gräber und von den Verbrechen gegen die Volksgesundheit.

1. Abschnitt.

Von der Verletzung der Gesetze über Beerdigungen und von der Schändung der Gräber.

Art. 246. Die Beerdigung einer Person, unter Übertretung der Gesetze und Vorschriften in Beziehung auf die Zeit, den Ort und sonstige über Beerdigungen vorgeschriebene Förmlichkeiten wird mit Besserungshaft bestraft.

Einziger §: Dieselbe Strafe, durch umwandelbare Strafe verschärft, wird dem Arzte auferlegt, der, ohne sträfliche Absicht, ein Zeugnis über den Tod einer Person ausstellt, von der darauf festgestellt wird, dafs sie lebte.

Art. 247. Wer Grabschändung begeht, indem er vor oder nach der Beerdigung Handlungen ausführt, die unmittelbar bezwecken, die dem Gedächtnis der Toten schuldige Achtung zu verletzen, wird zu Besserungshaft bis zu einem Jahre und entsprechender umwandelbarer Strafe verurteilt.

§ 1. In die Bestimmung dieses Artikels sind die Fälle nicht eingeschlossen, in denen, nach den Vorschriften der Gesetze und Verordnungen und auf Grund der Anweisung der zuständigen Behörde, die Umlegung des Leichnams aus einem in ein andres Grab desselben oder eines andren Begräbnisplatzes, die Ausbesserung des Grabmales oder der Grabesstelle und andres ähnliches vorgenommen wird.

§ 2. Wer Handlungen begeht, die unmittelbar bezwecken, die dem Gedächtnis des oder der Verstorbenen schuldige Achtung zu verletzen, ohne Schändung des Grabmales oder des Begräbnisplatzes, wird zu Besserungshaft bis zu einem Jahre verurteilt.

§ 3. Wenn das in dem vorhergehenden Paragraphen vorgesehene Verbrechen in einer Handlung besteht, die, gegen eine lebende Person begangen, das im letzten Teil des Artikels 393 vorgesehene Verbrechen bilden würde, so tritt Zuchthaus von zwei bis zu acht Jahren, oder wahlweise, zeitige Verbannung ein. Die Grabschändung wird zu diesem Zweck als erschwerender Umstand des vollendeten Verbrechens angesehen.

2. Abschnitt.

Verbrechen gegen die öffentliche Wohlfahrt.

Art. 248. Wer giftige oder abtreibende Stoffe ohne gesetzliche Ermächtigung und ohne die durch die bezüglichen Gesetze oder Vorschriften geforderten Förmlichkeiten zum Verkauf ausstellt, verkauft oder dazu behilflich ist, wird zu Besserungshaft nicht unter 3 Monaten und zu entsprechender umwandelbarer Strafe verurteilt.

Art. 249. Besserungshaft nie unter einem Monat und entsprechende umwandelbare Strafe trifft den Arzneihändler, der beim Verkauf oder bei der Besorgung eines Arzneimittels die in der gehörig unterzeichneten Vorschrift enthaltene Anweisung ersetzt oder auf irgend eine Art ändert, oder verdorbene Heilmittel verkauft oder besorgt.

Art. 250. Der Arzt, der im dringlichen Falle seine berufliche Hülfe verweigert, und ebenso derjenige, der, zuständigermafsen herbeigerufen oder veranlafst, eine Handlung seines Berufes auszuüben, die nach dem Gesetz zur Erfüllung der Obliegenheiten der öffentlichen Behörde nötig ist, sich weigert sie auszuüben, wird zu Besserungshaft von zwei Monaten bis zu einem Jahre und entsprechender umwandelbarer Strafe verurteilt.

Einziger §: Das Nichterscheinen ohne gesetzmäfsige Entschuldigung am Orte und zur Stunde, wozu aufgefordert oder veranlafst worden ist, wird als Weigerung für alle Wirkungen der Bestimmmung dieses Artikels angesehen.

Art. 251. Wer auf irgend eine Art Waren, die zum allgemeinen Verbrauch bestimmt sind, so verändert, dafs sie der Gesundheit schädlich werden, und sie so verändert zum Verkaufe ausstellt; desgleichen, wer auf dieselbe Art Waren, die zum Verbrauch durch eine oder einige Personen bestimmt sind, verändert, oder wer verdorbene Waren verkauft oder Gegenstände herstellt oder verkauft, deren Gebrauch notwendigerweise der Gesundheit schädlich ist, wird mit Gefängnis von zwei Monaten bis zu zwei Jahren und entsprechender umwandelbarer Strafe belegt, unbeschadet der höheren Strafe, zu der Anlafs vorliegt.

§ 1. Wo immer die verdorbenen Waren oder die oben genannten Gegenstände gefunden werden, sie werden mit Beschlag belegt und unschädlich gemacht.

§ 2. Mit derselben Strafe wird belegt:

1. Wer Sachen, die bestimmt sind vernichtet oder entgiftet zu werden, kauft oder verkauft, verbirgt oder beiseite schafft.
2. Wer in eine Quelle, in ein Sammelbecken, einen Flufs, Bach oder See, deren Wasser zum Trinken dient, etwas hineinwirft, das das Wasser unrein oder gesundheitsschädlich macht.

Art. 252. In allen in diesem Artikel nicht genannten Fällen, in denen eine Verletzung der gesundheitlichen Vorschriften festgestellt wird, werden deren besondre Bestimmungen beobachtet.

Kapitel VIII.

Von den verbotenen Waffen, der verbotenen Jagd und Fischerei.

1. Abschnitt.

Verbotene Waffen.

Art. 253. Wer irgend eine Vorrichtung, die bezweckt eine Entzündung hervorzubringen, durch die Personen oder Gebäude vernichtet werden können, herstellt, einführt, verkauft, besorgt oder aufbewahrt, wird zu Zuchthaus von vier Jahren mit darauf folgender Verbannung auf acht, oder wahlweise, zu Verbannung auf fünfzehn Jahre verurteilt, unbeschadet der Verschärfung, die für Mitschuld bei irgend einem Verbrechen dieser Art hinzutreten kann.

§ 1. Wer ohne Erlaubnis der Verwaltungsbehörde blanke oder Feuer-Waffen herstellt, einführt, verkauft oder besorgt, desgleichen, wer sie ohne diese Erlaubnis oder ohne gesetzliche Ermächtigung gebraucht, wird zu Besserungshaft bis zu sechs Monaten und entsprechender umwandelbarer Strafe verurteilt.

§ 2. Zu derselben Strafe werden die in den vorhergehenden Paragraphen eingeschlossenen Personen verurteilt, denen die betreffende Erlaubnis entzogen worden ist und die dennoch fortgesetzt davon Gebrauch machen, als sei sie noch in Geltung.

§ 3. Die einfache Zurückhaltung im Wohnhause des Zurückhaltenden oder an einem andern Orte wird mit umwandelbarer Strafe von acht Tagen bis zu einem Monat belegt.

§ 4. Nicht eingeschlossen in die Bestimmungen dieses Artikels und seiner Paragraphen sind die Waffen, die als Kunst- und Schmuckgegenstände angesehen werden müssen.

§ 5. In allen übrigen, in diesem Artikel und seinen Paragraphen genannten Fällen werden die Waffen mit Beschlag belegt und gehen zu Gunsten des Staates verloren.

2. Abschnitt.

Verbotene Jagd und Fischerei.

Art. 254. Wer in den Monaten jagt, in denen durch die Gemeinde-Verordnungen oder durch die Vorschriften der öffentlichen Verwaltung die Ausübung der Jagd verboten ist, oder wer in den Monaten, in denen das Verbot nicht besteht, auf eine durch dieselben Verordnungen oder Vorschriften verbotene Art jagt, wird mit

Gefängnis von drei bis zu dreifsig Tagen und entsprechender umwandelbarer Strafe belegt.

Einziger §: Dieselben Strafen, jedoch nur auf Antrag des Besitzers, treffen den, der ohne des letztern Zustimmung in ummauerte oder umfriedigte Grundstücke eintritt, um zu jagen.

Art. 255. Zu denselben Strafen wird verurteilt:

1. Wer in den Monaten fischt, in denen es durch die Gemeinde-Verordnungen oder Verwaltungsvorschriften verboten ist.

2. Wer mit Schleppnetz oder mit einem engeren Maschengeflecht fischt, als durch die Gemeindebehörde bestimmt ist, oder wer auf eine durch die Verordnungen oder Vorschriften verbotene Art fischt.

3. Wer zu irgend einer Zeit des Jahres in die Flüsse oder Teiche Lorbeerkraut, Eisenkraut, Fischkorn, Kalk, oder einen sonstigen andern Stoff hineinwirft, womit man den Fisch tötet.

Kapitel IX.
Von den Landstreichern und Bettlern und von den Vereinigungen von Übeltätern.

1. Abschnitt.
Landstreicher.

Art. 256. Wer keinen bestimmten Wohnsitz und keine Mittel zum Lebensunterhalt hat, auch gewohnheitsmäfsig kein Gewerbe oder Handwerk oder keine andre Beschäftigung ausübt, womit er sein Leben fristet, wird, wenn er nicht höhere Gewalt nachweist, die es rechtfertigt, dafs er sich in solchen Verhältnissen befindet, zuständigerweise verurteilt und als Landstreicher erklärt, sowie mit Besserungshaft bis zu sechs Monaten bestraft und zur Verfügung der Regierung gestellt, die ihm für die ihr geeignete Zeit Arbeit liefert.

Art. 257. Wenn der Landstreicher, nachdem das Urteil rechtskräftig geworden ist, geeignete Bürgschaft leistet, kann die Regierung ihm diese zulassen, indem sie ihm seinen Wohnsitz in dem Orte anweist, den der Bürge angibt.

§ 1. Die zugelassene Bürgschaft unterbricht die Verbüfsung der Strafe.

§ 2. Der Bürge kann zu jeder Zeit das Erlöschen der Bürgschaft beantragen, indem er den Landstreicher der zuständigen Behörde vorführt, damit für die noch fehlende Zeit das verurteilende Erkenntnis vollstreckt werde.

§ 3. Wenn der Verurteilte von dem ihm zum Aufenthalte angewiesenen Orte entweicht, so hat er die ganze im Urteil verhängte Strafe zu verbüfsen, als sei keine Bürgschaft geleistet worden.

Art. 258. Wenn der Landstreicher ohne rechtfertigenden Grund in eine Wohnung oder einen dazu gehörigen verschlossenen Raum eintritt, oder auf irgend eine Art verkleidet angetroffen wird, oder Gegenstände bei sich trägt, deren Wert 10 000 Reis überschreitet und den Grund des Besitzes nicht rechtfertigt, so wird er zu Gefängnis von einem bis zu zwei Jahren verurteilt und darauf der Regierung nach Artikel 256 übergeben, ohne dafs die Bürgschaft des Artikels 257 stattfinden darf.

Art. 259. Wenn der Landstreicher Ausländer ist, so wird er zur Verfügung der Regierung gestellt, damit sie ihn aus dem portugiesischen Gebiete schafft, wenn er die ihm angewiesene Arbeit ablehnt.

2. Abschnitt.

Bettler.

Art. 260. Jeder, der fähig ist, seinen Lebensunterhalt durch Arbeit zu erwerben, wird, wenn er des gewohnheitmäfsigen Bettelns überführt ist, als Landstreicher angesehen und als solcher bestraft.

Art. 261. Mit Gefängnis von zwei Monaten bis zu zwei Jahren werden alle Bettler bestraft, die durch sichtbare Merkmale Krankheiten erheucheln, Drohungen oder Beleidigungen anwenden, oder die in Gemeinschaft betteln, mit Ausnahme von Mann und Frau, Vater oder Mutter und deren unerwachsenen Kindern, von Blinden und Lahmen, die sich ohne Hülfe nicht bewegen können, jeder mit seinem betreffenden Führer.

Art. 262. Auf die Bettler ist die Bestimmung des Artikels 258 anwendbar und es sind betreffs ihrer die Vorschriften der Polizeigesetze und -Verordnungen zu beobachten.

3. Abschnitt.

Vereinigungen von Übeltätern.

Art. 263. Wer an einer zur Begehung von Verbrechen gebildeten Vereinigung teilnimmt, deren Einrichtung oder Vorhandensein sich durch Übereinkunft oder durch sonstige andre Tatsachen kundgibt, wird mit Zuchthaus von zwei bis zu acht Jahren, oder wahlweise, mit zeitiger Verbannung bestraft; ausgenommen sind die Urheber, Leiter oder Befehlshaber der Vereinigung, auf die Zuchthaus von zwei bis zu acht Jahren, oder wahlweise, zeitige höhere Gefängnisstrafe angewendet wird.

Einziger §: Als Mitschuldige werden bestraft, die diesen Vereinigungen oder Abteilungen von ihnen wissentlich und freiwillig Waffen, Schiefsbedarf, Werkzeuge des Verbrechens, Zuflucht oder Raum zur Zusammenkunft gewähren.

Kapitel X.

Von den Spielen, Lotterien, unerlaubten Übereinkünften über Staatspapiere und Mifsbräuchen in Leihhäusern.

1. Abschnitt.

Spiele.

Art. 264. Jeder Spieler, der sich vom Spiel erhält, indem er daraus seine Haupttätigkeit macht, wird als Müfsiggänger verurteilt und bestraft.

Art. 265. Wer beim Glücksspiel angetroffen wird, wird für das erste Mal mit Verweis, im Rückfalle mit umwandelbarer Strafe, nach seinem Einkommen, von vierzehn Tagen bis zu einem Monat bestraft.

Art. 266. Wer ein Glücksspiel mit einem Minderjährigen unter einundzwanzig Jahren oder einem angenommenen Familienzugehörigen spielt, wird zu Gefängnis von einem bis zu sechs Monaten und umwandelbarer Strafe von einem Monat verurteilt.

Einziger §: Dieselbe Strafe wird dem auferlegt, der den Minderjährigen oder angenommenen Familienzugehörigen zum Spiel, oder zu lasterhaften Gewohnheiten, oder zur Verletzung der den Eltern oder Vormündern schuldigen Achtung anreizt, wenn diese den Strafantrag stellen.

Art. 267. Wer an irgend einem Orte Glückspiele hält und wer die Leitung des Spieles übernimmt, selbst wenn das nicht gewohnheitsmäfsig geschieht, desgleichen irgend ein Verwalter, Vorsteher oder Geschäftsführer wird mit Gefängnis von zwei Monaten bis zu einem Jahre und entsprechender umwandelbarer Strafe belegt.

Einziger §: Das zu dem Spiel bestimmte Geld und die dazu bestimmten Sachen, die Einrichtung der Wohnung, die zum Spielbetrieb bestimmten Geräte, Gegenstände und Werkzeuge werden mit Beschlag belegt und verfallen halb zu Gunsten des Staates, halb zu Gunsten derer, die mit Beschlag belegt haben.

Art. 268. Wer Gewalttätigkeiten oder Drohungen anwendet, um einen andern zum Spielen zu zwingen oder das Spiel fortzusetzen, wird zu Gefängnis von zwei Monaten bis zu einem Jahre und entsprechender umwandelbarer Strafe verurteilt, unbeschadet der schwereren Strafe, wenn Anlafs dazu vorliegt.

Art. 269. Die Strafen für Diebstahl werden denen auferlegt, die betrügliche Mittel anwenden, um sich den Gewinn zu sichern.

2. Abschnitt.

Lotterien.

Art. 270. Jede Lotterie, die nicht durch Gesetz genehmigt ist, wird verboten, vorbehaltlich der Bestimmung im Artikel 272.

§ 2. Als Lotterie wird angesehen und verboten jede der Öffentlichkeit angebotene geschäftliche Verrichtung, die die

Hoffnung auf einen durch Glückszufall zu erlangenden Gewinn erzeugt.

§ 2. Die Veranstalter, Unternehmer und die Geschäftsführer jeder heimischen Lotterie, oder jeder als Lotterie angesehenen geschäftlichen Verrichtung werden je nach ihrem Vermögen mit umwandelbarer Strafe von einem bis zu sechs Monaten belegt.

§ 3. Die zur Lotterie gehörigen Gegenstände werden mit Beschlag belegt und verfallen zu Gunsten des Staates.

§ 4. Handelt es sich um die Ausspielung einer Liegenschaft, so wird der Verlust des Gegenstandes der Lotterie zu Gunsten des Staates durch eine dem Eigentümer auferlegte Geldstrafe ersetzt, die, je nach den Umständen, bis zum Werte dieser Liegenschaft erhöht werden kann, indem die in § 2 bestimmte Strafe hinzutritt.

§ 5. Vorbehalten bleiben die Bestimmungen des Gesetzes vom 28. Juli 1885, betreffend den Verkauf von Losen und Losanteilen fremder Lotterien.

Art. 271. Wer die Lose verhandelt oder vertreibt, oder durch irgend ein Veröffentlichungsmittel das Vorhandensein der Lotterie bekannt gemacht, oder die Ausgabe oder Verteilung der Lose erleichtert hat, wird je nach seinem Einkommen zu umwandelbarer Strafe von vierzehn Tagen bis zu drei Monaten verurteilt.

Art. 272. Von der Regierung können die Ausspielungen beweglicher Sachen oder von Geld, die ausschliefslich zur Wohltätigkeit oder zur Förderung der Künste bestimmt sind, genehmigt werden.

Einziger §: Wer die Vorschriften verletzt, die von der Regierung für diese genehmigten Ausspielungen erlassen werden, wird zu den Strafen des vorhergehenden Artikels verurteilt.

3. Abschnitt.

Unerlaubte Vereinbarungen über Staatspapiere.

Art. 273. Wer den Verkauf oder die Übergabe von Staats- oder fremden Papieren oder solchen der öffentlichen Anstalten oder von Aktiengesellschaften vereinbart, wird mit Gefängnis von vierzehn Tagen bis zu sechs Monaten und entsprechender Geldbufse bestraft, wenn er nicht beweist, dafs er zur Zeit der Vereinbarung diese Papiere zu seiner Verfügung hatte, oder dafs er sie zur Zeit der Übergabe haben mufste.

Einziger §: Der Käufer wird, wenn er von den in diesem Artikel angegebenen Umständen Kenntnis hat, zur Hälfte dieser Strafen verurteilt.

4. Abschnitt.

Mifsbräuche in Leihhäusern.

Art. 274. Wer ohne gehörige Ermächtigung eine Geschäftsstelle hat, in der gewohnheitsmäfsig Anleihen auf Pfänder gewährt werden, desgleichen, wer in einer genehmigten Geschäftsstelle kein ordnungsmäfsig geführtes Buch besitzt, worin aufeinander folgend und ohne Zwischenzeilen die Summen oder die geliehenen Sachen, die Namen, Wohnung und Beruf der Schuldner, die Art, Güte und der Wert der verpfändeten Sachen enthalten sind, wird zu Gefängnis von vierzehn Tagen bis zu 3 Monaten und umwandelbarer Strafe von einem Monat verurteilt.

Kapitel XI.
Vom Handelsvorrecht und vom Schmuggel.

1. Abschnitt.
Handelsvorrecht.

Art. 275. Jeder Händler, der zum allgemeinen Verbrauch Waren, die zum täglichen Unterhalt nötig sind, verkauft, wird, wenn er seine Vorräte verbirgt oder sich weigert, sie jedem beliebigen Käufer zu verkaufen, je nach seinem Einkommen zu umwandelbarer Strafe von einem bis zu sechs Monaten verurteilt.

Art. 276. Wer unter Anwendung eines betrüglichen Mittels die Preise ändert, die aus dem natürlichen und freien Wettbewerb für die Waren, Staatspapiere oder sonstige andre Sachen entstehen würden, die Gegenstand des Handels sind, wird seinem Einkommen gemäfs zu umwandelbarer Strafe von einem bis zu drei Jahren verurteilt.

Einziger §: Wenn das zur Begehung dieses Verbrechens angewendete betrügerische Mittel darin besteht, dafs eine Verbindung mit andern Personen stattfindet, so tritt die Strafe ein, sobald ein Anfang zur Ausführung der Straftat vorliegt.

Art. 277. Mit Gefängnis von einem bis zu sechs Monaten und mit Geldbufse von 5000 bis zu 200 000 Reis wird bestraft:

1. Jede Verbindung unter solchen, die Arbeiter beschäftigen, die den Zweck hat, mifsbräuchlich die Verringerung des Lohnes herbeizuführen, sofern der Beginn der Ausführung vorliegt.

2. Jede Verbindung unter den Genossen eines Berufes, oder von Angestellten in einem Dienste, oder von Arbeitern, die den Zweck hat, die Arbeit durch Regelung ihrer Bedingungen oder auf sonstige andre Art zu unterbrechen oder zu verhindern, oder den Lohn steigen zu lassen, wenn Beginn der Ausführung vorliegt.

Einziger §: Die Anstifter oder Leiter der Verbindung, ebenso diejenigen, die Gewalttätigkeit oder Drohung anwenden, um die Ausführung zu sichern, werden mit Gefängnis von einem bis zu zwei Jahren bestraft und können unter Polizeiaufsicht gestellt werden, unbeschadet der schwereren Strafe, wenn die gewalttätigen Handlungen sie verdienen.

§ 278. Wer bei einer durch das Gesetz oder von der Regierung genehmigten Versteigerung durch Geschenke oder Versprechungen erreicht, dafs jemand nicht bietet, desgleichen, wer die Freiheit der Handlung mittels Gewalttätigkeit oder Drohung hindert oder stört, wird zu Gefängnis von zwei Monaten bis zu zwei Jahren und entsprechender umwandelbarer Strafe verurteilt, unbeschadet der schwereren Strafe, wenn die gewalttätigen Handlungen sie verdienen.

2. Abschnitt.

Schmuggel und Hinterziehungen.

Art. 279. Schmuggel ist die betrügerische Ein- oder Ausfuhr von Waren, deren Ein- oder Ausgang unbedingt verboten ist.

Art. 280. Hinterziehung ist jede betrügerische Handlung, die den Zweck hat, ganz oder teilweise die Zahlung der auf die Einfuhr, Ausfuhr oder den Verbrauch der Waren festgesetzten Zölle und Abgaben zu vermeiden.

Art. 281. In den Angelegenheiten dieses Abschnittes sind die Bestimmungen der Sondergesetze zu beobachten.

Kapitel XII.

Von den unerlaubten Gesellschaften.

1. Abschnitt.

Unerlaubte Gesellschaften aus Mangel an Ermächtigung.

Art. 282. Jede Gesellschaft von mehr als zwanzig Personen, selbst wenn sie in Abteilungen von geringerer Zahl eingeteilt ist, die, ohne dafs die Genehmigung der Regierung mit den von ihr für zweckmäfsig gehaltenen Bedingungen vorausgeht, sich vereinigt, um religiöse, politische, literarische oder Angelegenheiten sonstiger andrer Art zu verhandeln, wird aufgelöst und die Leiter und Verwalter werden mit Gefängnis von einem bis zu sechs Monaten bestraft. Die andern Mitglieder werden mit Gefängnis bis zu einem Monat bestraft.

§ 1. Dieselben Strafen treten ein, falls die von der Regierung auferlegten Bedingungen übertreten werden.

§ 2. Die Personen, die in dem Hause, wo die Versammlung stattfindet, wohnhaft sind, werden nicht in die Zahl der in diesem Artikel genannten eingeschlossen.

§ 3. Als Mitschuldige werden bestraft, die zugeben, dafs die Versammlung im ganzen Hause, über das sie verfügen, oder in einem Teil davon abgehalten wird.

2. Abschnitt.

Geheime Gesellschaften.

Art. 283. Jede Gesellschaft, deren Mitglieder sich mit oder ohne Eid die Verpflichtung auferlegen, der öffentlichen Behörde den Zweck ihrer Vereinigungen oder ihre innere Verfassung zu verbergen, ist unerlaubt und kann nicht genehmigt werden, und ihre Leiter oder Verwalter werden mit Gefängnis von zwei Monaten bis zu zwei Jahren bestraft; den andern Mitgliedern wird die Hälfte dieser Strafe auferlegt.

§ 1. Die Bestimmung des § 3 des vorigen Artikels über die Mitschuld ist anwendbar.

§ 2. Wenn ein Mitglied der Gesellschaft der öffentlichen Behörde unaufgefordert anzeigt, was es über den Zweck und die Pläne der Gesellschaft weiſs, auch wenn es nicht die Namen der andern Mitglieder nennt, so ist es straffrei.

Kapitel XIII.

Von den Verbrechen der öffentlichen Beamten in der Ausübung ihrer Obliegenheiten.

1. Abschnitt.

Pflichtverletzung.

Art. 284. Jeder Richter, der ein endgiltiges offenbar ungerechtes Urteil aus Gunst oder Haſs fällt, wird zu der festen Strafe des Verlustes der bürgerlichen Ehrenrechte auf fünfzehn Jahre verurteilt.

§ 1. Wenn der verurteilende Spruch in einer Strafsache gefällt ist, so wird zu der in dem Artikel angegebenen Strafe Zuchthaus von zwei bis zu acht Jahren, oder wahlweise, zeitige Verbannung hinzugefügt.

§ 2. Wenn das endgiltige Urteil nicht in einer Strafsache gefällt ist, so wird der Strafe des Artikels höhere Geldstrafe hinzugefügt.

§ 3. Wenn das Urteil nicht endgiltig ist, so ist die Strafe der zeitige Verlust aller bürgerlichen Ehrenrechte.

§ 4. Dieselbe Strafe wird dem auferlegt, der in der vor ihm anhängigen Streitsache einer der Parteien Rat erteilt.

§ 5. Die Bestimmungen dieses Artikels und seiner §§ 2, 3 und 4 sind auf alle öffentlichen Behörden anwendbar, die auf Grund ihrer Obliegenheiten irgend eine ihrer Kenntnis unterbreitete Streitsache entscheiden.

Art. 285. Jeder öffentliche Beamte, der nach der Art seiner Obliegenheiten verpflichtet ist, der vorgesetzten Behörde Gutachten oder Aufschlüsse zu geben und dies sträflicherweise unter Fälschung der Tatsachen tut, wird zu Entlassung und Besserungshaft bis zu sechs Monaten verurteilt.

Art. 286. Alle Richter oder Verwaltungsbehörden, die sich weigern Recht zu sprechen, das sie den Beteiligten schuldig sind, nachdem es von ihnen gefordert worden ist und ihre Oberen sie benachrichtigt oder aufgefordert haben, werden zu Amtsenthebung verurteilt.

Art. 287. Der öffentliche Beamte, der unter Verletzung der Obliegenheiten seines Amtes sträflicherweise unterlassen hat, das gerichtliche Verfahren oder die Bestrafung der Schuldigen zu veranlassen, oder die ihm zustehenden Maſsnahmen zu treffen, um die Begehung eines Verbrechens zu verhindern oder ihm vorzubeugen, wird entlassen, unbeschadet der schwereren Strafe im Falle von Hehlerei oder Mitschuld.

Art. 288. Wenn der Beamte der Staatsanwaltschaft gegen eine bestimmte Person strafrechtlich vorgeht und wenn er weiſs, daſs die Beweise falsch sind, so wird er als Täter des Verbrechens der Fälschung verurteilt, wenn die Falschheit des Beweises notwendig aus der Falschheit des Rechtsgrundes, der den Beweis bildet, hervorgeht, und in jedem andern Falle tritt Entlassung und Besserungshaft bis zu sechs Monaten ein.

Art. 289. Mit zeitiger Amtsenthebung und entsprechender umwandelbarer Strafe von drei Monaten bis zu zwei Jahren wird belegt:

1. Der Rechtsanwalt oder gerichtliche Sachwalter, der die Geheimnisse seines Auftraggebers, von denen er in der Ausübung seines Amtes Kenntnis erhalten hat, preisgibt.

2. Wer, wenn er von einer der Parteien Geld oder eine sonstige andre Sache zur Wahrnehmung ihrer Angelegenheit oder Forderung erhalten, oder die Vertretung angenommen und die Geheimnisse der Angelegenheit erfahren hat, der andern Partei in derselben Angelegenheit öffentlich oder geheim Rat erteilt oder sie vertritt.

3. Wer etwas von der Partei erhält, gegen die er auftritt.

4. Der Vertreter der Staatsanwaltschaft, der eines der in diesem Artikel erwähnten Verbrechen begeht, wird entlassen und zu der genannten umwandelbaren Strafe verurteilt, sofern ihm für die Pflichtverletzung nicht eine schwerere Strafe auferlegt werden muſs.

Art. 290. Zu Besserungshaft bis zu sechs Monaten und entsprechender umwandelbarer Strafe wird der Beamte verurteilt:

1. Der ein Geheimnis preisgibt, von dem er nur auf Grund der Ausübung seines Amtes Kenntnis erhalten oder das er zu bewahren hat.

2. Der ungehörigerweise ein Schriftstück oder die Abschrift eines Schriftstücks, das nicht veröffentlicht werden soll und ihm anvertraut ist oder in der betreffenden Abteilung vorhanden ist, herausgibt, oder ohne die gehörige Ermächtigung bekannt macht.

§ 1. Diese Bestimmung ist auf alle anwendbar, die einen Beruf ausüben, der einen Berechtigungsschein erfordert und die auf Grund dieses Berufes Geheimnisse kennen und preisgeben, die ihnen anvertraut und die bei der Ausübung ihres Berufes zu ihrer Kenntnis gelangt sind.

§ 2. Die vorhergehenden Bestimmungen gelten unbeschadet der Strafe wegen Beleidigung oder Verleumdung, wenn Anlaſs dazu vorliegt.

2. Abschnitt.

Mifsbrauch der Amtsgewalt.

Art. 291. Mit Gefängnis von drei Monaten bis zu zwei Jahren wird bestraft, wozu nach den Umständen die entsprechende Geldbufse hinzutreten kann:

1. Jeder öffentliche Beamte, der, ohne dafs er Berechtigung hat, zu verhaften, eine Person festnimmt oder auf seinen Befehl festnehmen läfst.

2. Wer, wenn er diese Berechtigung hat, sie ungesetzlich gegen eine Person ausübt, deren Festnahme zur ausschliefslichen Befugnis einer andern Behörde gehört.

3. Wer einen Gefangenen zurückhält, der in Freiheit gesetzt werden mufs auf Grund des Gesetzes oder eines rechtskräftig gewordenen Urteils, dessen Ausführung ihm zukommt oder vom zuständigen Oberen angeordnet wird.

4. Wer ungesetzlich die Abgeschlossenheit eines Gefangenen anordnet oder verlängert, oder einen Gefangenen, den er vorführen soll, verbirgt.

5. Der Richter, der sich weigert, dem auf seine Anordnung Festgenommenen auf dessen Verlangen die Gründe der Festnahme, den Ankläger und die Zeugen zu nennen.

§ 1. Als Gefängnis gilt auch jede Zurückhaltung oder Abschliefsung.

§ 2. Wenn der Richter nur aus Nachlässigkeit unterläfst, in dem gesetzlichen Zeitraume den auf seine Anordnung Festgenommenen von dem unter No. 5 dieses Artikels Angegebenen zu unterrichten, so verfällt er der Strafe des Verweises, vorbehaltlich der Entschädigung für den Nachteil, den er durch diese Nachlässigkeit verursacht haben kann.

Art. 292. Mit Amtsenthebung bis zu einem Jahre, und je nach den Umständen zusätzlich mit der entsprechenden Geldbufse, wird bestraft:

1. Jeder öffentliche Beamte, der die Festnahme einer Person anordnet oder ausführt, ohne dafs die im Gesetz vorgeschriebenen Förmlichkeiten beobachtet werden.

2. Wer willkürlich einen Gefangenen aufserhalb des öffentlichen Gefängnisses oder des durch das Gesetz oder die Regierung bestimmten Ortes zurückhält oder befiehlt, dafs er zurückgehalten werde.

3. Wer, wenn er zuständig ist Haftbefehle auszustellen oder zu erlassen, sich weigert das Verzeichnis der Verhaftungen vorzuzeigen, wenn er zuständigerweise aufgefordert wird.

4. Wer, wenn er mit der gerichtlichen oder Verwaltungspolizei beauftragt ist und von einer willkürlichen Verhaftung Kenntnis erhält, unterläfst, der zuständigen höheren Behörde Mitteilung zu machen.

5. Jeder Beauftragte der öffentlichen Behörde, dem die Bewachung der Gefangenen übertragen ist und der einen Gefangenen ohne schriftlichen Befehl der öffentlichen Behörde in Empfang nimmt.

Art. 293. Jeder Beauftragte der öffentlichen Behörde, dem die Bewachung eines Gefangenen übertragen ist und der diesem gegenüber ungesetzliche Strenge anwendet, wird mit Gefängnis bis zu sechs Monaten bestraft, und wenn die begangenen Handlungen durch die Gesetze mit höherer Strafe bedroht sind, so wird ihm diese auferlegt.

Art. 294. Jeder öffentliche Beamte, der in dieser Eigenschaft und unter Mifsbrauch seiner Befugnisse in das Wohnhaus einer Person ohne deren Zustimmung, aufser den Fällen, und ohne die Förmlichkeiten, die vom Gesetz vorgeschrieben sind, eintritt, wird zu Gefängnis von einem bis zu sechs Monaten und zu entsprechender umwandelbarer Strafe von einem Monat verurteilt.

Art. 295. Jeder Postbeamte, der einen der Post anvertrauten Brief unterschlägt oder verhehlt oder öffnet, oder dazu beiträgt, wird zu Besserungshaft und entsprechender Geldstrafe verurteilt, unbeschadet der höheren Strafen, denen er verfällt, wenn er durch die Verhehlung, Unterschlagung oder Öffnung ein andres durch die Gesetze bezeichnetes Verbrechen begeht.

§ 1. Wenn das Verbrechen durch einen andern öffentlichen Beamten oder Beauftragten der Behörde begangen wird, so überschreitet die in dem Artikel angegebene Gefängnisstrafe nicht ein Jahr.

§ 2. Die Bestimmungen des Artikels und des § 1 schliefsen nicht die Fälle ein, in denen die zuständige Behörde, mit den im Gesetz vorgeschriebenen Förmlichkeiten, zur Einleitung des Strafverfahrens die nötigen Nachforschungen anstellt.

Art. 296. Jeder öffentliche Beamte, der in dieser Eigenschaft und unter Mifsbrauch seiner Befugnisse irgend einen Staatsbürger an der gesetzlichen Ausübung seiner Ehrenrechte hindert, geht dieser Rechte auf nicht weniger als fünf Jahre verlustig, unbeschadet der höheren Strafen, in die er in den im Kapitel V dieses Titels vorgesehenen Fällen verfallen kann und die nach den allgemeinen Regeln verhängt werden.

Art. 297. Der öffentliche Beamte, der zuständig ist die Verwendung der bewaffneten Macht zu beantragen oder zu befehlen und diese Verwendung beantragt oder befiehlt, um die Ausführung eines Gesetzes oder regelrechten Auftrages der Gerichtsbehörde oder eines gesetzlichen Befehls irgend einer öffentlichen Behörde zu verhindern wird zu Besserungshaft bis zu einem Jahre und entsprechender Geldstrafe verurteilt.

§ 1. Wenn die Verhinderung nicht vollständig eintritt, aber der Antrag oder Befehl irgend eine Wirkung nach sich zieht, so tritt Besserungshaft und entsprechende Geldstrafe ein.

§ 2. Wenn die Verhinderung erfolgt, so wird Zuchthaus von zwei bis zu acht Jahren, oder wahlweise, zeitige Verbannung verhängt, sofern diese Verhinderung nicht ein Verbrechen bildet, für das nach dem Gesetz etwa eine schwerere Strafe aufzuerlegen ist.

Art. 298. Wenn ein öffentlicher Beamter angeklagt wird, eine der als Verbrechen gekennzeichneten mifsbräuchlichen Handlungen der vorigen Artikel dieses Abschnittes begangen zu haben, und er beweist, dafs der Vorgesetzte, dem er unmittelbar Gehorsam schuldet, ihm innerhalb seiner Zuständigkeit den Befehl in gesetzlicher Form gegeben hatte, diese Handlung zu begehen, so ist er von der Strafe frei, die dem Vorgesetzten auferlegt wird, der den Befehl gegeben hat.

Art. 299. Jeder öffentliche Beamte, der bei der Ausübung oder gelegentlich der Ausübung seiner Befugnisse ohne gesetzmäfsigen Grund gegen eine Person Gewalttätigkeiten anwendet oder anwenden läfst, die zur Ausführung der gesetzlichen Handlung, die er erfüllen mufs, nicht nötig sind, wird mit Gefängnis von einem bis zu sechs Monaten bestraft, unbeschadet der höheren Strafe, der er verfällt, wenn die Gewalttätigkeiten als Verbrechen gekennzeichnet werden.

Art. 300. Wenn ein öffentlicher Beamter oder eine mit behördlichem Ansehen bekleidete Körperschaft sich auf irgend eine Art mit andern Beamten oder Körperschaften verbindet, indem sie untereinander verabreden, die Ausführung eines Gesetzes oder Befehls der vollziehenden Gewalt zu verhindern, so wird jeder Einzelne der Straffälligen zu Gefängnis von einem bis zu sechs Monaten verurteilt und wird entlassen.

3. Abschnitt.

Überschreitung der Macht und Ungehorsam.

Art. 301. Mit Entlassung und aufserdem mit Zuchthaus von zwei bis zu acht Jahren, oder wahlweise, mit zeitiger Verbannung oder mit Besserungshaft, je nach der Schwere des Verbrechens, wird bestraft:

1. Jeder öffentliche Beamte, der in die Ausübung der gesetzgebenden Gewalt eingreift, indem er Gesetze vorläufig aufhebt oder sich irgendwelche der Befugnisse anmafst, die ausschliefslich den Volksvertretungen mit der Billigung des Königs zukommen.

2. Der Richter, der Vorschriften erläfst, die den Verwaltungsbehörden zukommen, oder der die Ausführung der Befehle der Verwaltung verbietet.

3. Jeder öffentliche Beamte, der das in Artikel 291 No. 1 vorgesehene Verbrechen gegen ein Mitglied der gesetzgebenden Gewalt begeht, desgleichen, wer gegen diese Person den Befehl ausführt, auf den sich diese No. 1 bezieht, wobei unter dieser Voraussetzung keinesfalls die in Artikel 298 festgesetzte Befreiung stattfindet.

4. Die Verwaltungsbehörde, die durch irgendwelche Anordnungen oder Verbote versucht, die Ausübung der richterlichen Gewalt zu verhindern oder zu stören.

Art. 302. Zu Amtsenthebung bis zu einem Jahre und umwandelbarer Strafe bis zu zwei Jahren wird verurteilt:

1. Der Richter, der, nachdem beim Gericht die Ausfertigung eingegangen ist, die nach den Bestimmungen des Gesetzes den Streit über die Zuständigkeit zwischen der Verwaltungs- und der Gerichtsbehörde eröffnet, die Streitsache nicht in allen Beziehungen unterbricht, oder der fortfährt darin zu verfügen, ohne dafs das Gesetz ihn ausdrücklich ermächtigt, nachdem ihm Bedenken vorgehalten worden sind.

2. Die Verwaltungsbehörde, die, nach dem Einspruch eines Beteiligten, in Sachen der Zuständigkeit der richterlichen Gewalt entscheidet, ohne dafs die zuständige Behörde den Einspruch abgewiesen oder als berechtigt anerkannt hat.

Art. 303. Die Mitglieder der Gerichtshöfe oder Verwaltungsgerichte und sonstige Richter, die verweigern, den Urteilen, Entscheidungen oder Befehlen, die, mit den gesetzlichen Förmlichkeiten versehen, von der höheren Behörde ausgehen und in den nach der Rangordnung vorhandenen Grenzen der richterlichen Gewalt liegen, die gebührende Folge zu geben, werden auf drei Monate bis zu drei Jahren des Amtes enthoben.

§ 1. Jeder andre öffentliche Beamte, der sich weigert, den Befehlen, die der Vorgesetzte, dem er unmittelbar Gehorsam schuldig ist, ihm in gesetzlicher Form innerhalb seiner Zuständigkeit gibt, die gehörige Folge zu leisten, wird je nach den Umständen mit Entlassung oder Amtsenthebung bestraft.

§ 2. Wenn der Fall vorliegt, in dem nach dem Gesetze die Einwendung des untergebenen Beamten, mit Unterbrechung der Ausführung des Befehls, stattfinden darf, so tritt die Strafe nur ein, wenn, nachdem die Unterbrechung von dem Vorgesetzten gemifsbilligt und der Befehl wiederholt ist, dessen Ausführung verweigert wird.

§ 3. Vorbehalten bleibt, was in den Militärgesetzen über die militärische Unterordnung bestimmt ist, wie es in dem Artikel 15 § 2 und Artikel 16 angegeben ist.

Art. 304. Jeder öffentliche, bürgerliche oder Militärbeamte, der sich ohne gesetzlichen Grund weigert, nachdem er von der zuständigen Behörde die gesetzliche Aufforderung erhalten hat, die zur Ausübung der Rechtspflege oder zu sonstigem öffentlichem Dienste nötige Mitwirkung zu leisten, wird zu Besserungshaft von zwei Monaten bis zu einem Jahre und, wenn aus der Straftat schwerer Schaden für die Verwaltung der Rechtspflege oder für den öffentlichen Dienst entsteht, aufserdem zur Entlassung verurteilt.

Art. 305. Wer ein öffentliches Wahlamt ablehnt, ohne bei der zuständigen Behörde seine Befreiung aus gesetzlichem Grunde zu beantragen, oder wenn diese abgelehnt worden ist, wird mit einer

Geldbufse von 10 000 bis 100 000 Reis und mit Verlust der bürgerlichen Ehrenrechte auf zwei Jahre bestraft.

4. Abschnitt.

Ungesetzliche Vorwegnahme, Verlängerung und Aufgabe der öffentlichen Ämter.

Art. 306. Jeder öffentliche Beamte, der die Obliegenheiten seines Amtes ausübt und absichtlich die Leistung des vom Gesetz geforderten Eides unterlassen hat, wird zu 2000 bis 10 000 Reis Geldstrafe verurteilt.

Art. 307. Wer in der Ausübung der Obliegenheiten des öffentlichen Amtes fortfährt, nachdem ihm amtlich seine Entlassung oder Amtsenthebung bekannt gemacht worden ist, oder nachdem er gesetzlich ersetzt ist, wird mit Gefängnis von einem bis zu zwei Jahren bestraft, vorbehaltlich der Strafen wegen Fälschung, wenn Anlafs dazu vorliegt.

Einziger §: Wenn die Obliegenheiten die eines Militärkommandos sind, so wird der Täter, der in den in diesem Artikel genannten Fällen, oder wenn die Militärmacht entlassen wird, oder das Kommando auf sonstige Art aufhört, die Obliegenheiten weiter ausübt, mit Entlassung und mit Gefängnis von einem bis zu zwei Jahren bestraft, vorbehaltlich des durch die Militärgesetze für den Kriegsfall bestimmten, und vorbehaltlich der Fälle, in denen die schwereren Strafen angewendet werden müssen, die für die Verbrechen gegen die innere oder äufsere Sicherheit des Staates aufgestellt sind.

Art. 308. Jeder öffentliche Gerichts- oder Verwaltungsbeamte, der das Amt verläfst, indem er verweigert, die Ausübung seiner Obliegenheiten fortzusetzen, wird mit dem Verlust der bürgerlichen Ehrenrechte auf fünf Jahre bestraft.

§ 1. Wer sich ohne Erlaubnis auf mehr als vierzehn Tage entfernt, oder den Urlaub ohne berechtigten Grund um den gleichen Zeitraum überschreitet, verliert die bürgerlichen Ehrenrechte auf zwei Jahre oder wird, je nach den Umständen, zu entsprechender umwandelbarer Strafe von einem Monat verurteilt.

§ 2. Wenn diese Verbrechen begangen werden, um irgend ein Verbrechen gegen die innere oder äufsere Sicherheit des Staates nicht zu verhindern oder nicht zu unterdrücken, so treten die Strafen für Mitschuld ein.

Art. 309. Bei militärischen Entweichungen werden die Bestimmungen der Militärgesetze beobachtet.

Einziger §: Die von Erfolg begleitete Verleitung zur Fahnenflucht wird entweder mit denselben Strafen für Fahnenflucht geahndet, wenn der Verführer nach den allgemeinen Regeln des Gesetzes als Urheber angesehen wird, oder es treten die Strafen für Mitschuld ein, wenn er nach denselben Regeln nur als Mitschuldiger zu betrachten ist. Die erfolglose Verleitung wird als Versuch bestraft.

5. Abschnitt.

Aufbrechen von Siegeln und Unterschlagung von Papieren, die in den öffentlichen Niederlagen aufzubewahren oder auf Grund des öffentlichen Amtes anvertraut worden sind.

Art. 310. Die öffentlichen Beamten, die mit der Aufbewahrung von Papieren, Schriftstücken oder andern auf Anordnung der zuständigen Behörde versiegelten Gegenständen beauftragt sind und sie öffnen oder die Siegel aufbrechen, werden zu Zuchthaus von zwei bis zu acht Jahren, oder wahlweise, zu zeitiger höherer Gefängnisstrafe verurteilt.

§ 1. Der von denselben öffentlichen Beamten begangene Diebstahl mit Aufbrechen der Siegel wird mit Zuchthaus von vier Jahren und darauf folgender Verbannung auf acht, oder wahlweise, mit der festen Strafe der Verbannung auf fünfzehn Jahre geahndet.

§ 2. Wenn eine andre Person die in diesem Artikel und in § 1 genannten Verbrechen begeht, so wird sie im ersten Falle mit Besserungshaft, im zweiten mit Zuchthaus von zwei bis zu acht Jahren, oder wahlweise, mit zeitiger Verbannung bestraft.

Art. 311. Mit Zuchthaus von zwei bis zu acht Jahren, oder wahlweise, mit zeitiger Verbannung wird jeder mit der Bewachung und Erhaltung der in den Urkundensammlungen oder sonstigen öffentlichen Niederlagen vorhandenen Urkunden und Schriftstücke beauftragte öffentliche Beamte bestraft, der eines dieser Schriftstücke oder Papiere oder Teile davon unterschlägt, unterdrückt oder beiseite schafft.

Einziger §: Wenn den Beamten, von denen dieser und der vorige Artikel handeln, in den Fällen, in denen die in denselben Artikeln bezeichneten Verbrechen von einer andern Person begangen werden, nur Nachlässigkeit beigemessen und bewiesen wird, so tritt als Strafe für die Nachlässigkeit Amtsenthebung bis zu sechs Monaten ein.

Art. 312. Jeder öffentliche Beamte, der absichtlich Urkunden oder Schriftstücke oder Teile davon, deren Verlust oder Unterschlagung einer andern Person oder dem Staate nachteilig sein kann, und die ihm auf Grund seines Amtes anvertraut worden sind, beiseite schafft, zerstört oder unterschlägt, wird zu Zuchthaus von zwei bis zu acht Jahren, oder wahlweise, zu zeitiger Verbannung verurteilt.

Einziger §: Dieselbe Strafe wird im Falle dieses Artikels jeder Person auferlegt, die von der berechtigten Behörde oder im Auftrage des öffentlichen Beamten, dem die Schriftstücke und Urkunden anvertraut worden sind, mit deren Überwachung betraut ist.

6. Abschnitt.

Kassendiebstahl und Erpressung.

Art. 313. Jeder öffentliche Beamte, der auf Grund seiner Obliegenheiten Geld, Wertpapiere oder bewegliche, dem Staate oder Privatpersonen gehörige Sachen in seiner Gewalt hat, um sie aufzubewahren, auszugeben oder zu verwalten, oder ihnen die gesetzliche Bestimmung zu geben, und der davon etwas stiehlt, böswillig wegnimmt oder durch einen andern wegnehmen oder stehlen läſst, oder der sie zu eignem oder fremdem Gebrauch verwendet, indem er die gesetzliche Verwendung oder Übergabe unterläſst, wird zu Zuchthaus von zwei bis zu acht Jahren, oder wahlweise, zu zeitiger höherer Gefängnisstrafe verurteilt:

1. Wenn die weggenommene oder gestohlene Sache den Wert von 600 000 Reis übersteigt, sofern das Amt nicht der Sicherheits- oder Bürgschaftsleistung unterliegt, oder wenn sie noch nicht geleistet worden ist, oder wenn die weggenommene oder gestohlene Sache den Wert der geleisteten Sicherheit oder Bürgschaft um mehr als 600 000 Reis übersteigt.

2. Wenn der Wert den dritten Teil der Einnahme oder der Hinterlegung ausmacht oder übersteigt, sofern es sich um einmal empfangene oder hinterlegte Gelder oder Wertpapiere handelt.

3. Wenn der Wert den dritten Teil der gewöhnlichen Einnahme eines Monats beträgt oder übersteigt, sofern es sich um aufeinanderfolgende nicht der Bürgschaft unterworfene Einnahmen handelt.

§ 1. Wenn der Wert geringer ist als in diesem Artikel angegeben wird, so tritt Zuchthaus von zwei bis zu acht Jahren, oder wahlweise, zeitige Verbannung ein; es wird stets die Mindeststrafe angewendet, wenn der Wert etwa vorhandener Sicherheit oder Bürgschaft den Wert der weggenommenen oder gestohlenen Sache übersteigt oder erreicht.

§ 2. In allen in diesem Artikel und Paragraphen aufgezählten Fällen wird der Täter auch zu der umwandelbaren Strafe von einem bis zu zwei Jahren verurteilt.

§ 3. Wenn das Geld auf Gewinn hingegeben, verliehen oder vor dem Verfall bezahlt wird, oder wenn beim Einziehen oder der Erhebung einer dem Staate gehörigen Sache dem Schuldner Frist oder Aufschieb gewährt wird, so tritt Besserungshaft nicht unter einem Jahre und entsprechende Geldbuſse ein.

§ 4. Wenn das staatliche Geld zu einem staatlichen Zweck verwendet wird, der von dem eigentlichen Zweck abweicht, so tritt Amtsenthebung bis zu sechs Monaten und Geldstrafe von 60000 Reis ein.

§ 5. Die Bestimmungen dieses Artikels und seiner Paragraphen umfassen alle Personen, die von der rechtmäfsigen Behörde als Aufbewahrer, Erheber oder Empfänger bestellt werden, mit Beziehung auf die Sachen, für die sie öffentliche Aufbewahrer, Erheber oder Empfänger sind.

Art. 314. Jeder öffentliche Beamte, der von einer Person für sich oder einen andern Geld, Dienste oder eine sonstige ihm nicht schuldige Sache erprefst, indem er Gewalttätigkeiten oder Drohungen anwendet, wird mit Zuchthaus von acht Jahren und darauf folgender Verbannung auf zwölf Jahre, oder wahlweise, mit der festen Strafe der Verbannung auf fünfundzwanzig Jahre belegt.

Einziger §: Diese Strafe kann jedoch ermäfsigt und durch Gefängnis, selbst durch Besserungshaft, je nach den Umständen, ersetzt werden.

Art. 315. Jeder öffentliche Beamte, der ohne gesetzliche Ermächtigung willkürlich eine Steuer auferlegt, seinerseits oder durch einen andern einen beliebigen Teil davon zu öffentlichem Zweck erhebt, desgleichen jeder mit der Einziehung oder Erhebung von Abgaben, Steuern, Geld oder sonstigen, dem Staate oder öffentlichen Einrichtungen gehörigen Sachen beauftragte öffentliche Beamte, der zu demselben Zweck das, was nicht geschuldet wird, oder mehr als das Geschuldete wissentlich erhebt, wird mit Amtsenthebung von einem bis zu drei Jahren und entsprechender Geldbufse bestraft.

§ 1. Wenn die im Auftrage der Beamten, von denen dieser Artikel handelt, mit der Erhebung betrauten Personen das in diesem Artikel aufgeführte Verbrechen begehen, so werden sie mit umwandelbarer Strafe von einem bis zu zwei Jahren belegt.

§ 2. Wenn die, ungehörigerweise erhobenen, empfangenen oder eingezogenen Sachen von dem Täter zu seinem eigenen Vorteil verwendet werden, so werden unter Berücksichtigung des Wertes dieser Sachen die Strafen des Artikels 313 und § 1 auferlegt.

Art. 316. Die öffentlichen Beamten, die durch das Gesetz nicht ermächtigt sind, Gebühren oder Belohnungen zu erheben, und ebenso diejenigen, die das Gesetz ermächtigt, nur die gesetzlich festgesetzten Gebühren oder Belohnungen von den Beteiligten zu erheben, werden, wenn sie böswilliger Weise für eine ihrer Amtshandlungen etwas ihnen nicht Angewiesenes oder mehr als das ihnen Angewiesene erheben, selbst wenn die Beteiligten es ihnen geben wollen, je nach den Umständen zu Entlassung oder Amtsenthebung und zu umwandelbarer Strafe von einem Monat bis zu drei Jahren verurteilt, vorbehaltlich der Strafen für Bestechlichkeit, wenn Anlafs dazu vorliegt.

Art. 317. Jeder öffentliche Beamte, der in Sachen oder Angelegenheiten seines Verfügungsrechtes, seiner Verwaltung, Prüfung, Aufsicht oder Bewachung, auf Grund seiner Obliegenheiten oder eines auf dieselbe Art erhaltenen Auftrages mit einer Einziehung, Erhebung, Abrechnung oder Zahlung betraut ist oder solche anzuordnen hat, wird, wenn er für sich oder einen andern einen Vorteil aus einem Kauf oder aus sonstigem Rechtsgrunde annimmt, mit Gefängnis von einem bis zu zwei Jahren und entsprechender Geldbufse bestraft.

§ 1. Dasselbe ist zu beobachten mit Beziehung auf den, der im Auftrage oder durch gesetzliche Ernennung seitens des öffentlichen Beamten oder der zuständigen Behörde mit einer der Angelegenheiten betraut wird, von denen dieser Artikel handelt.

§ 2. Dieselben Strafen werden den von der öffentlichen Behörde ernannten sachverständigen Abschätzern, Schiedsrichtern, Verteilern, Aufbewahrern und ebenso den Vormündern, Sachwaltern, Vollstreckern letztwilliger Verfügungen auferlegt, die die Bestimmungen dieses Artikels mit Beziehung auf die Sachen oder Geschäfte verletzen, in denen sie ihre Obliegenheiten auszuüben haben.

7. Abschnitt.

Bestechung.

Art. 318. Jeder öffentliche Beamte, der das Verbrechen der Bestechung begeht, indem er für sich oder für eine mit seiner Ermächtigung oder Genehmigung vorgeschobene Person eine Gabe oder ein Geschenk erhält, um eine Amtshandlung auszuführen, wird, wenn diese Handlung ungerecht ist und ausgeführt wird, zu Zuchthaus von zwei bis zu acht Jahren, oder wahlweise, zu zeitiger höherer Gefängnisstrafe und in beiden Fällen zu umwandelbarer Strafe von einem Jahre verurteilt; wird die Handlung jedoch nicht ausgeführt, so tritt Amtsenthebung von einem bis zu drei Jahren und dieselbe Geldbufse ein.

§ 1. Wenn die ungerechte und ausgeführte Handlung ein Verbrechen ist, für das durch das Gesetz eine höhere Strafe festgesetzt ist, so tritt die Strafe ein, die nach dem Gesetz auferlegt werden mufs.

§ 2. Wenn eine gerechte Handlung vorliegt, die der Beamte auszuführen verpflichtet ist, so wird er bis zu einem Jahre des Amtes enthoben und zu der einem Monat entsprechenden Geldbufse verurteilt.

§ 3. Wenn die Bestechung den Zweck hatte, dafs sich der Beamte einer seiner Amtshandlungen enthalten sollte, so tritt Entlassung oder die Amtsenthebung von einem bis zu drei Jahren und je nach den Umständen entsprechende Geldstrafe ein.

§ 4. Die Annahme des Anerbietens oder Versprechens wird bestraft, indem die allgemeinen Regeln über den Versuch beobachtet werden; aber stets findet Entlassung statt, wenn die Handlung ungerecht ist und ausgeführt wurde.

§ 5. Wenn der Beamte freiwillig das Anerbieten oder Versprechen, das er angenommen hatte, abgewiesen hat, oder die Gabe oder das Geschenk, das er erhalten hatte, zurückgegeben hat, und wenn er aus freiem Antriebe unterlassen hat die ungerechte Handlung auszuführen, ohne daſs er durch irgend einen, von seinem Willen unabhängigen Grund verhindert worden ist, so beruht die Bestimmung dieses Artikels auf sich.

§ 6. Die Bestimmungen dieses Artikels und seiner Paragraphen finden auch in den Fällen Anwendung, in denen der öffentliche Beamte sich sträflicherweise die Befugnis zur Ausübung einer Handlung anmaſst oder vorgibt sie zu besitzen, und ein Anerbieten oder Versprechen annimmt, oder eine Zuwendung oder ein Geschenk erhält, um diese Handlung auszuführen oder nicht auszuführen, vorbehaltlich der schwereren Strafen wegen Fälschung, wenn Grund dazu vorliegt.

§ 7. Desgleichen sind die Bestimmungen dieses Artikels und seiner Paragraphen auf die Schiedsrichter anwendbar.

§ 8. Die in den vorhergehenden Artikeln bestimmten Strafen sind auf die Sachverständigen und auf sonstige andre anwendbar, die einen Beruf ausüben, mit Beziehung auf ihre Handlungen, die nach dem Gesetz zur Erfüllung des öffentlichen Dienstes von ihnen gefordert werden, ausgenommen, wenn das Gesetz sie ermächtigt, mit den Beteiligten ihre Vergütung zu regeln.

§ 9. In den Fällen der beiden unmittelbar vorhergehenden Paragraphen wird die Strafe der Entlassung oder der Amtsenthebung durch die Entziehung der Ausübung des Berufs oder durch den Verlust der bürgerlichen Ehrenrechte, nicht unter zwei Jahren, ersetzt, vorbehaltlich der Bestimmung in Artikel 241, und unbeschadet der schwereren Strafe, in die sie wegen der genannten Handlungen verfallen können.

Art. 319. Die Richter und Geschworenen, die bestochen werden, um in einer Strafsache zu Gunsten oder gegen eine Person, vor oder nach der Anklage, zu richten, oder vorzugehen, oder ihre Stimme abzugeben, werden zu Zuchthaus von vier Jahren und darauf folgender Verbannung auf acht, oder wahlweise, zu der festen Strafe der Verbannung auf fünfzehn Jahre und in beiden Fällen zu einer auf alle Mitschuldigen zu verteilenden Geldbuſse von 1 000 000 Reis verurteilt.

Art. 320. Wenn infolge der Bestechung die Verurteilung zu einer schwereren als der im vorhergehenden Artikel angegebenen Strafe erfolgt, so wird dem Richter oder Geschworenen, der sich hat bestechen lassen, diese schwerere Strafe und die im vorigen Artikel angegebene Geldbuſse auferlegt.

Art. 321. Wer durch Gaben, Geschenke, Anerbietungen oder Versprechungen einen öffentlichen Beamten besticht, indem er eine Ungerechtigkeit erstrebt, eine Stimme kauft oder durch die Bestechung das Ergebnis irgend welcher Bestrebungen zu erlangen oder zu sichern sucht, wird mit denselben Strafen, die dem bestochenen Beamten auferlegt werden, bestraft, mit der Maſsgabe, daſs die Entlassung oder Amtsenthebung durch den Verlust der bürgerlichen Ehrenrechte auf nicht weniger als zwei Jahre ersetzt werden.

Einziger §: Wenn die Bestechung in einer Strafsache zu Gunsten des Angeklagten von diesem selbst, seinem Ehegatten oder einem Verwandten auf- oder absteigender Linie, oder Bruder oder einem Familienangehörigen in denselben Graden stattfindet, so tritt umwandelbare Strafe von einem bis zu sechs Monaten ein.

Art. 322. Wenn der öffentliche Beamte selbst oder durch einen andern ein Anerbieten oder Versprechen annimmt, oder eine Gabe, ein Geschenk von einer Person erhält, die von ihm einen Rechtspruch fordert, oder die ein Geschäft oder einen Anspruch hat, die von der Ausübung seiner amtlichen Obliegenheiten abhängen, so werden die Bestimmungen des Artikels 318 und seiner Paragraphen auf ihn angewendet.

Art. 323. Stets gehen die durch Bestechung erhaltenen Sachen oder ihr Wert zu Gunsten des Staates verloren.

8. Abschnitt.

Allgemeine Bestimmungen.

Art. 324. Jeder öffentliche Beamte wird als Mitschuldiger betrachtet und nach den allgemeinen Regeln über die Mitschuld bestraft, falls er Kenntnis von einem Verbrechen hat, das ein untergebener Beamter, der ihm unmittelbaren Gehorsam schuldet, begangen hat, und er nicht die ihm durch das Gesetz zustehenden Mittel anwendet, damit der Täter bestraft werde.

Art. 325. In den Fällen, in denen das Gesetz nicht besonders die Strafen für die von den öffentlichen Beamten begangenen Verbrechen irgend welcher Art bestimmt, wird die verschärfte Strafe für das Verbrechen dem öffentlichen Beamten auferlegt, der auf irgend eine der im Artikel 22 angegebenen Arten Mitschuldiger eines Verbrechens ist, das zu verhüten oder dem entgegenzutreten er beauftragt ist, oder wenn er beitragen soll, daſs es bestraft werde.

Art. 326. In allen in diesem Kapitel nicht bezeichneten Fällen, in denen die Gesetze oder Vorschriften für jeden einzelnen der öffentlichen Beamten Besserungs- oder Sonderstrafen wegen Verletzung oder mangels an Beobachtung ihrer Bestimmungen anordnen, sind diese Strafen mit den folgenden Bestimmungen anzuwenden:

1. Liegt nur Nachlässigkeit vor, so tritt wegen der Übertretung nicht die Entlassung ein, diese Strafe wird durch Amtsenthebung ersetzt.

2. Wenn in irgend einem Falle und zu irgend einer Zeit ein zweiter Rückfall festgestellt wird, so wird der Beamte, der zweimal verurteilt worden ist, entlassen.

3. Die vorhergehenden Bestimmungen werden auf die Handlungen der Zuständigkeit beim Dienststrafverfahren angewendet.

Art. 327. Für die Wirkungen der Bestimmung in diesem Kapitel wird als öffentlicher Beamter jeder angesehen, der entweder unmittelbar durch die Bestimmung des Gesetzes ermächtigt, oder durch Volkswahl oder vom König ernannt, oder aus zuständiger Amtsgewalt öffentliche bürgerliche Befugnisse jeder Art ausübt oder an deren Ausübung teilnimmt.

Titel IV.

Von den Verbrechen gegen die Personen.

Kapitel I.

Von den Verbrechen gegen die Freiheit der Personen.

1. Abschnitt.

Gewalttätigkeiten gegen die Freiheit.

Art. 328. Alle, die einen freien Menschen der Gefangenschaft unterwerfen, werden zu Zuchthaus von zwei bis zu acht Jahren, oder wahlweise, zu zeitiger höherer Gefängnisstrafe und in beiden Fällen zum Höchstmafs der Geldbufse verurteilt.

Art. 329. Jede Privatperson, die, ohne gesetzmäfsig ermächtigt zu sein, Handlungen körperlichen Angriffs verübt, um einen andern zu zwingen, dafs er etwas tue, oder ihn zu verhindern, dafs er es tue, wird zu Gefängnis von einem Monat bis zu einem Jahre verurteilt, wobei er auch zu der entsprechenden Geldbufse verurteilt werden kann.

2. Abschnitt.

Freiheitsberaubung.

Art. 330. Jede Privatperson, die Freiheitsberaubung begeht, indem sie, selbst oder durch einen andern, jemanden bis zu vierundzwanzig Stunden in einem Hause oder an einem andern Orte als Gefangenen zurückhält, wo er derart bewacht wird, dafs er nicht in seiner vollen Freiheit ist, selbst wenn er keinerlei Gefangenschaft erleidet, wird zu Gefängnis von einem Monat bis zu einem Jahre verurteilt.

§ 1. Die einfache Zurückhaltung für weniger Zeit wird als Körperverletzung angesehen und nach den Regeln des Gesetzes für solche Fälle bestraft.

§ 2. Wenn die Zurückhaltung länger als vierundzwanzig Stunden dauert, so wird der Täter zu Gefängnis von drei Monaten bis zu zwei Jahren verurteilt.

§ 3. Wenn binnen drei Tagen der Täter dem Zurückgehaltenen die Freiheit gibt, ohne dafs er irgend ein Ergebnis erreicht hat, das er sich mit der Zurückhaltung vorgenommen hatte, und vor dem Beginn irgend eines Verfahrens gegen ihn, so tritt Strafermäfsigung ein.

§ 4. Wenn jedoch die Zurückhaltung mehr als zwanzig Tage dauert, so tritt Zuchthaus von zwei bis zu acht Jahren ein, oder wahlweise, zeitige Verbannung und in beiden Fällen das Höchstmafs der Geldbufse.

Art. 331. In jedem der Fälle, in denen das Verbrechen der Freiheitsberaubung festgestellt wird, tritt Zuchthaus von zwei bis zu acht Jahren ein, oder wahlweise, zeitige höhere Gefängnisstrafe, und in beiden Fällen das Höchstmafs der Geldbufse, sofern eines der folgenden Erfordernisse vorliegt:

1. Wenn der Täter das Verbrechen begeht, indem er auf irgend eine Art öffentliche Amtsgewalt vorspiegelt.

2. Wenn das Verbrechen von Bedrohungen mit dem Tode, oder von Folterqualen, oder von sonstigem anderm körperlichem Angriff begleitet worden ist, wenn dem nicht eine schwerere Strafe entspricht.

Art. 332. Wenn derjenige, der das Verbrechen der Freiheitsberaubung begeht, nicht zeigt, dafs er dem Angegriffenen die Freiheit gegeben hat, oder wo der sich befindet, so wird er zu acht Jahren Zuchthaus und darauf folgender zwölfjähriger Verbannung, oder wahlweise, zu der festen Strafe der Verbannung auf fünfundzwanzig Jahre verurteilt.

Art. 333. Die Bestimmungen der vorhergehenden Artikel sind auf die öffentlichen Beamten anwendbar, die dieses Verbrechen aufserhalb der Ausübung ihrer Befugnisse begehen.

Art. 334. Vorbehaltlich der Fälle, in denen das Gesetz den Privatpersonen die Gefangennahme jemandes erlaubt, wird jeder, der irgend eine Person festnimmt, um sie der Behörde vorzuführen, mit Gefängnis von drei bis zu dreifsig Tagen bestraft.

Art. 335. In den Fällen, in denen das Gesetz den Privatpersonen die Zurückhaltung jemandes erlaubt, werden, wenn dabei Gewalttätigkeiten vorkommen, die das Gesetz als Verbrechen kennzeichnet, diese gewalttätigen Handlungen mit den entsprechenden Strafen belegt.

Kapitel II.

Von den Verbrechen gegen den bürgerlichen Stand der Personen.

1. Abschnitt.

Anmafsung des bürgerlichen Standes sowie falsche und ungesetzliche Ehen.

Art. 336. Wer sich sträflicherweise den bürgerlichen Stand eines andern anmafst, oder, um die Rechte jemandes zu schädigen, mittels falscher Ehe Gattenrechte erschleicht, oder wer zu demselben Zweck vorgibt, verheiratet zu sein, oder sich sonstige Familienrechte anmafst, wird zu Zuchthaus von zwei bis zu acht Jahren, oder wahlweise, zu zeitiger Verbannung verurteilt.

Art. 337. Der Mann oder die Frau, die eine zweite oder anderweite Ehe schliefsen, ohne dafs die frühere gesetzlich aufgelöst ist, werden mit Zuchthaus von zwei bis zu acht Jahren, oder wahlweise, mit zeitiger höherer Gefängnishaft und in beiden Fällen mit dem Höchstmafs der Geldbufse bestraft.

Art. 338. Wenn der Mann oder die Frau, die die Ehe schliefsen, Kenntnis davon haben, dafs die Person, mit der sie sich verehelichen, verheiratet ist, so werden sie nach den Regeln über die Mitschuld bestraft.

Art. 339. Die Sonderbestimmungen, die die vorhandenen Gesetze bezüglich der ungesetzlichen Ehen und der Übertretungen der Vorschriften über die Handlungen des Personenstandes aufstellen, sind in allem zu beobachten, was sich nicht in diesem Gesetzbuche verordnet findet.

2. Abschnitt.

Untergeschobene Geburten.

Art. 340. Die Frau, die, ohne geboren zu haben, die fremde Geburt als die ihrige ausgibt, oder die, wenn sie ein lebendes oder totes Kind geboren hat, es durch ein andres ersetzt, wird zu Zuchthaus von zwei bis zu acht Jahren, oder wahlweise, zu zeitiger Verbannung verurteilt.

§ 1. Dieselbe Strafe wird dem Ehemann auferlegt, der es weifs und zustimmt.

§ 2. Wer zu diesem Verbrechen beiträgt, wird nach den allgemeinen Regeln als Täter oder Mitschuldiger bestraft.

Art. 341. Mit Zuchthaus von zwei bis zu acht Jahren, oder wahlweise, mit zeitiger Verbannung, und in beiden Fällen mit Geldbufse, wird die falsche Erklärung der Eltern eines Kindes bestraft, die, mit oder ohne deren Zustimmung, vor der zuständigen Behörde zu dem Zwecke gemacht wird, die Rechte jemandes zu schädigen; und ebenso wird die falsche Erklärung bestraft, die vor derselben Behörde und zu demselben Zwecke von der Geburt oder dem Tode eines Kindes, das nie vorhanden gewesen ist, gemacht wird.

3. Abschnitt.

Entziehung und Verbergung von Minderjährigen.

Art. 342. Wer gewaltsam oder betrügerisch eine minderjährige Person unter sieben Jahren aus dem Hause oder von dem Orte wegbringt oder wegbringen läfst, wo sie sich mit Ermächtigung der mit ihrer Bewachung oder Leitung beauftragten Personen befindet, wird zu Zuchthaus von zwei bis zu acht Jahren, oder wahlweise, zu zeitiger höherer Gefängnisstrafe verurteilt.

Art. 343. Wer eine minderjährige Person unter einundzwanzig Jahren durch Gewalt zwingt oder durch Betrug verführt, das Haus ihrer Eltern oder Vormünder oder der mit der Obhut über ihre Person Beauftragten zu verlassen, oder den Ort aufzugeben, an dem sie sich auf deren Anordnung aufhält, oder wer sie wegbringt oder entführt, wird zu Besserungshaft verurteilt, unbeschadet der höheren Strafe wegen Freiheitsberaubung, wenn Anlafs dazu vorliegt.

Einziger §: Wenn die minderjährige Person jünger als siebzehn Jahre ist, so tritt das Höchstmafs der Besserungshaft ein.

Art. 344. Wer eine minderjährige Person unter sieben Jahren verbirgt oder verbergen läfst, oder für eine andre auswechselt oder auswechseln läfst, oder verleitet oder verleiten läfst, wird zu Zuchthaus von zwei bis zu acht Jahren, oder wahlweise, zu zeitiger höherer Gefängnisstrafe verurteilt.

§ 1. Wenn die minderjährige Person älter als sieben und jünger als achtzehn Jahre ist, so tritt Zuchthaus von zwei bis zu acht Jahren, oder wahlweise, zeitige Verbannung ein, vorbehaltlich der höheren Strafen wegen Freiheitsberaubung, wenn Anlafs dazu vorliegt.

§ 2. In allen, in diesem Abschnitt bisher angeführten Fällen wird derjenige, der nicht zeigt, wo sich die minderjährige Person befindet, zu acht Jahren Zuchthaus und darauf folgender zwölfjähriger Verbannung, oder wahlweise, zu der festen Strafe der Verbannung auf fünfundzwanzig Jahre verurteilt.

§ 3. Wer, wenn er mit der Obhut über eine minderjährige Person beauftragt ist, sie denen nicht zuführt, die das Recht haben, sie zu fordern, und er rechtfertigt nicht ihr Verschwinden, so wird er mit Zuchthaus von zwei bis zu acht Jahren, oder wahlweise, zu zeitiger Verbannung verurteilt, sofern er nicht in die Bestimmung des Artikels verfällt.

4. Abschnitt.

Aussetzen und Verlassen von Kindern.

Art. 345. Wer ein Kind unter sieben Jahren an einem Orte aussetzt oder verläfst, der nicht die zur Aufnahme der Ausgesetzten bestimmte öffentliche Anstalt ist, wird zu Besserungshaft und entsprechender Geldbufse verurteilt.

§ 1. Wenn die Aussetzung oder das Verlassen an einem einsamen Orte erfolgt, so tritt Zuchthaus von zwei bis zu acht Jahren, oder wahlweise, zeitige höhere Gefängnisstrafe ein.

§ 2. Wenn dieses Verbrechen von dem rechtmäfsigen Vater oder der rechtmäfsigen Mutter, dem Vormunde oder der, mit der Obhut oder Erziehung des Minderjährigen beauftragten Person begangen wird, so wird die Strafe durch das Höchstmafs der Geldbufse verschärft.

§ 3. Wenn mit der Aussetzung oder dem Verlassen das Leben der minderjährigen Person in Gefahr gerät, oder Verletzung oder Tod daraus entsteht, so tritt Zuchthaus von acht Jahren, oder wahlweise, höhere Gefängnisstrafe von zwölf Jahren ein.

Art. 346. Wer an irgend einem Orte ein neugeborenes Kind ausgesetzt findet, oder wer an einem einsamen Orte einem verlassenen Kinde unter sieben Jahren begegnet und es nicht der nächsten Verwaltungsbehörde zuführt, wird zu Gefängnis von einem Monat bis zu zwei Jahren verurteilt.

Art. 347. Wer ein Kind unter sieben Jahren zur Pflege oder Erziehung hat und es einer öffentlichen Anstalt oder einer andern Person ohne Zustimmung dessen übergibt, der es ihm anvertraut hat, oder ohne Genehmigung der zuständigen Behörde, wird zu Gefängnis von einem Monat bis zu einem Jahre und entsprechender Geldbufse verurteilt.

Art. 348. Die rechtmäfsigen Eltern, die Mittel zur Unterhaltung der Kinder besitzen und letztere betrügerischerweise in dem zur Aufnahme der Ausgesetzten bestimmten öffentlichen Anwesen aussetzen, werden zu umwandelbarer Strafe von einem Monat bis zu einem Jahre verurteilt.

Kapitel III.

Von den Verbrechen gegen die Sicherheit der Personen.

1. Abschnitt.

Einfacher und schwerer Mord und Vergiftung.

Art. 349. Wer absichtlich einen andern tötet, wird mit acht Jahren Zuchthaus und darauf folgender zwölfjähriger Verbannung, oder wahlweise, mit der festen Strafe der Verbannung auf fünfundzwanzig Jahre belegt.

Art. 350. Als Mordversuch oder als mifslungenes Verbrechen, je nach den Umständen, wird jede Verwundung, jedes Schlagen oder jeder körperliche Angriff bestraft, die in der Absicht zu töten ausgeführt werden, und zwar in den Fällen, in denen der Tod nicht eingetreten ist, oder in denen der Tod infolge einer zufälligen Ursache eingetreten ist, die keine Folge der Tat des Verbrechers war.

Art. 351. Mit Zuchthaus von acht Jahren und darauf folgender Verbannung auf zwanzig Jahre, mit Gefängnis am Orte der Verbannung bis zu zwei Jahren, oder ohne es, nach dem Gutachten des Richters, oder wahlweise, mit der festen Strafe der Verbannung auf achtundzwanzig Jahre, mit Gefängnis am Orte der Verbannung von acht bis zu zehn Jahren, wird das im Artikel 349 angegebene Verbrechen des Mordes bestraft, wenn irgend einer der folgenden Umstände vorliegt:

1. Vorbedacht.
2. Wenn Folterqualen oder Handlungen von Grausamkeit angewendet werden, um das Leiden des Angegriffenen zu vermehren.
3. Wenn das Verbrechen den Zweck hat, ein andres Verbrechen vorzubereiten, zu erleichtern oder auszuführen, oder die Straflosigkeit zu sichern.
4. Wenn ein andres Verbrechen voraufgegangen, gleichzeitig geschehen oder gefolgt ist, dem eine höhere Strafe als zwei Jahre Gefängnis entspricht.
5. In den Verbrechen, auf die sich die beiden vorhergehenden Nummern beziehen, sind diejenigen nicht enthalten, die von dem Gesetz als Verbrechen gegen die innere oder äufsere Sicherheit des Staates gekennzeichnet werden, ohne dafs sie durch ein sonstiges andres Verbrechen verwickelt sind.

Art. 352. Der Vorbedacht besteht in der mindestens vierundzwanzig Stunden vor der Handlung gefafsten Absicht, eine bestimmte Person, oder selbst eine solche, die angetroffen wird, anzugreifen, auch wenn diese Absicht von einem Umstande oder einer Bedingung abhängig ist; oder wenn auch nach der Ausführung des Verbrechens ein Irrtum bezüglich dieser Person vorliegt.

Art. 353. Wer das Verbrechen der Vergiftung begeht, wird mit Zuchthaus von acht Jahren und darauf folgender zwanzigjähriger Verbannung, mit Gefängnis am Orte der Verbannung bis zu zwei Jahren oder ohne es, je nach dem Gutachten des Richters, oder wahlweise, mit der festen Strafe der Verbannung auf achtundzwanzig Jahre, mit Gefängnis am Orte der Verbannung von acht bis zu zehn Jahren, bestraft.

Einziger §: Als Verbrechen der Vergiftung wird jeder Angriff auf das Leben einer Person durch Wirkung von Stoffen gekennzeichnet, die den mehr oder weniger schnellen Tod herbeiführen können, auf welche Art diese Stoffe auch angewendet oder beigebracht sind und wie immer die Folgen sein mögen.

Art. 354. Mit Besserungshaft wird bestraft, wer einer Person, die sich töten will, Hilfe leistet.

Einziger §: Wenn der Mitwirkende, in der Absicht Hilfe zu leisten, selbst so weit geht den Tod herbeizuführen, so wird er mit Zuchthaus von vier Jahren und darauf folgender achtjähriger Verbannung, oder wahlweise, mit der festen Strafe der Verbannung auf fünfzehn Jahre belegt.

2. Abschnitt.

Mord unter erschwerenden Umständen durch die Eigenschaft der Personen.

Art. 355. Wer seinen rechtmäſsigen oder natürlichen Vater, oder seine rechtmäſsige oder natürliche Mutter, oder einen Verwandten aufsteigender Linie absichtlich tötet, wird als Vatermörder mit Zuchthaus von acht Jahren und darauf folgender zwanzigjähriger Verbannung, mit Gefängnis am Orte der Verbannung bis zu zwei Jahren, oder ohne es, nach dem Gutachten des Richters, oder wahlweise, mit der festen Strafe der Verbannung auf achtundzwanzig Jahre, mit Gefängnis am Orte der Verbannung von acht bis zu zehn Jahren, bestraft.

§ 1. Wenn kein Vorbedacht vorhanden ist, so kann die Strafe ermäſsigt werden, sofern in der in Artikel 375 angegebenen Form die Herausforderung erwiesen wird.

§ 2. Wenn Vorbedacht vorhanden ist, so kann zur Milderung der Strafe wegen Vatermordes kein Umstand berücksichtigt werden.

§ 3. Der Versuch des überlegten Vatermordes wird mit Zuchthaus von sechs Jahren und darauf folgender zehnjähriger Verbannung, oder wahlweise, mit der festen Strafe der Verbannung auf zwanzig Jahre belegt.

Art. 356. Wer das Verbrechen des Kindesmordes begeht, indem er ein Kind bei dessen Geburt oder binnen acht Tagen nach dessen Geburt absichtlich tötet, wird mit Zuchthaus von acht Jahren und darauf folgender zwanzigjähriger Verbannung, mit Gefängnis am Orte der Verbannung bis zu zwei Jahren, oder ohne es, nach dem Gutachten des Richters, oder wahlweise, mit der festen Strafe der Verbannung, mit Gefängnis am Orte der Verbannung von acht bis zu zehn Jahren, bestraft.

Einziger §: Im Falle des Kindesmordes, den die Mutter begeht, um ihre Unehre zu verbergen, oder den die mütterlichen Groſseltern begehen, um die Unehre der Mutter zu verbergen, tritt Zuchthaus von zwei bis zu acht Jahren, oder wahlweise, zeitige höhere Gefängnisstrafe ein.

Art. 357. Wenn in einem der in diesem und in dem vorigen Abschnitt angegebenen Fälle andre erschwerende Umstände mitwirken, so sind die allgemeinen Regeln zu beobachten.

3. Abschnitt.

Abtreibung.

Art. 358. Wer vorsätzlich einer schwangeren Frau die Frucht abtreibt, indem er zu diesem Zweck Gewalt oder Getränke, oder

Arzneien oder ein sonstiges Mittel anwendet, wird, wenn das Verbrechen ohne Einwilligung der Frau begangen worden ist, zu Zuchthaus von zwei bis zu acht Jahren, oder wahlweise, zu zeitiger höherer Gefängisstrafe verurteilt.

§ 1. Wenn das Verbrechen mit Einwilligung der Frau begangen wird, so tritt Zuchthaus von zwei bis zu acht Jahren, oder wahlweise, zeitige höhere Gefängnisstrafe ein.

§ 2. Zu derselben Strafe wird die Frau verurteilt, die einwilligt und von den verschafften Mitteln Gebrauch macht oder die für sich selbst absichtlich die Abtreibung versucht, wenn diese tatsächlich erfolgt.

§ 3. Wenn jedoch im Falle des vorhergehenden Paragraphen die Frau das Verbrechen begeht, um ihre Unehre zu verbergen, so tritt Besserungshaft ein.

§ 4. Der Arzt, Wundarzt oder Arzneihändler, der unter Mifsbrauch seines Berufes absichtlich zu der Ausführung dieses Verbrechens beiträgt, indem er die Mittel angibt oder verschafft, verfällt beziehungsweise denselben, nach den allgemeinen Regeln verschärften Strafen.

4. Abschnitt.

Verwundungen, Quetschungen und andre absichtliche Körperverletzungen.

Art. 359. Wer absichtlich durch eine Körperverletzung eine Person mifshandelt, wird, wenn keiner der in den folgenden Artikeln angeführten Umstände vorliegt, zu Besserungshaft bis zu drei Monaten verurteilt.

Art. 360. Die absichtliche Körperverletzung, aus der als notwendige Wirkung Krankheit oder Unfähigkeit zu berufsmäfsiger Arbeit oder sonstiger andrer Beschäftigung hervorgeht, wird bestraft:

1. Wenn die Krankheit oder Arbeitsunfähigkeit nicht über zehn Tage dauert, mit Besserungshaft bis zu sechs Monaten und umwandelbarer Strafe bis zu einem Monat.

2. Wenn die Krankheit oder Arbeitsunfähigkeit länger als zehn Tage dauert, ohne zwanzig zu überschreiten, oder wenn sie eine wenig bemerkbare Verunstaltung hervorbringt, mit Besserungshaft bis zu einem Jahre und umwandelbarer Strafe bis zu zwei Monaten.

3. Wenn die Krankheit oder Arbeitsunfähigkeit über zwanzig Tage dauert, ohne dreifsig zu überschreiten, oder wenn sie eine merkliche Verunstaltung hervorbringt, mit Besserungshaft und Geldbufse.

4. Wenn die Krankheit oder Arbeitsunfähigkeit über dreifsig Tage dauert, mit Besserungshaft nie unter achtzehn Monaten und umwandelbarer Strafe nicht unter einem Jahr.

5. Wenn aus der Verletzung Verlust, Lähmung oder Unbrauchbarkeit eines Gliedes oder Körperteiles entsteht, mit Zuchthaus von zwei bis zu acht Jahren, oder wahlweise, mit zeitiger Verbannung.

Art. 361. Wenn der Angegriffene infolge der Verletzung der Vernunft beraubt oder für das ganze Leben arbeitsunfähig gemacht wird, tritt Zuchthaus von zwei bis zu acht Jahren, oder wahlweise, zeitige höhere Gefängnisstrafe ein.

Einziger §: Diese Strafe wird verschärft auferlegt, wenn die Körperverletzung vorsätzlich, aber ohne Absicht zu töten, begangen worden ist, jedoch den Tod verursacht hat.

Art. 362. Wenn die Verwundung oder Mifshandlung oder der Angriff nicht tötlich gewesen ist, auch keine tötliche Krankheit verschlimmert oder hervorgebracht hat, und wenn bewiesen wird, dafs ein zufälliger, von dem Willen des Täters unabhängiger Umstand, der nicht Folge seiner Handlung war, die Ursache des Todes gewesen ist, so wird die Strafe nicht wegen des Todes verschärft.

Art. 363. Der Schufs aus einer Feuerwaffe, der Gebrauch einer Angriffswaffe gegen eine Person, selbst wenn keine dieser Handlungen als Mordversuch gekennzeichnet wird, auch daraus weder eine Verwundung noch eine Verletzung hervorgeht, desgleichen die Bedrohung mit einer der genannten Waffen, wenn sie hergerichtet sind zu verletzen, oder von einer Vereinigung von drei oder mehr Personen ausgeführt, die in der Lage sind unmittelbares Übel zu verursachen, werden als Körperverletzung angesehen und bestraft:

1. Der Schufs aus einer Feuerwaffe oder der Gebrauch irgend einer Angriffswaffe mit Besserungshaft bis zu sechs Monaten.

2. Die Bedrohung mit einer zum Angriff hergerichteten Feuer- oder sonstigen Angriffswaffe, oder von drei oder mehr Personen ausgeführt, die in der Lage sind unmittelbares Übel zu verursachen, mit Besserungshaft bis zu drei Monaten.

Art. 364. Die Bestimmungen der vorhergehenden Artikel dieses Abschnittes sind auf diejenigen anwendbar, die vorsätzlich und mit der Absicht Übel zu tun, einem andern auf irgend eine Art Stoffe verschaffen, die, wenn auch im allgemeinen ihrer Natur nach nicht tötlich, doch der Gesundheit schädlich sind.

Art. 365. Wenn eines der in den vorhergehenden Artikeln dieses Abschnittes genannten Verbrechen gegen den rechtmäfsigen oder natürlichen Vater, oder die rechtmäfsige oder natürliche Mutter, oder gegen einen der rechtmäfsigen Verwandten aufsteigender Linie begangen wird, so wird der Angeklagte verurteilt:

1. Wenn die Strafe Besserungshaft nicht über drei Monate ist, zu Besserungshaft nicht unter einem Jahr.

2. Zu Zuchthaus von zwei bis zu acht Jahren, oder wahlweise, zu zeitiger Verbannung in allen übrigen Fällen, in denen die Strafe für das Verbrechen Besserungshaft ist.

3. Wenn die Strafe für das Verbrechen die der vorigen Nummer ist, zu derselben Strafe, verschärft und nie unter sechs Jahren.

4. Wenn die Strafe für das Verbrechen Zuchthaus von zwei bis zu acht Jahren, oder wahlweise, zeitige höhere Gefängnisstrafe ist, zu derselben Strafe, verschärft und nie unter der Hälfte davon, oder

zu Zuchthaus von vier Jahren und darauf folgender achtjähriger Verbannung, oder wahlweise, zu der festen Strafe fünfzehnjähriger Verbannung, je nach der Schwere des verursachten Schadens.

Art. 366. Wenn jemand das Verbrechen der Entmannung begeht, indem er einem andern irgend ein zur Zeugung nötiges Erfordernis entfernt, so wird er zu Zuchthaus von zwei bis zu acht Jahren, oder wahlweise, zu zeitiger höherer Gefängnisstrafe verurteilt.

Einziger §: Wenn der Tod des Verletzten binnen vierzig Tagen nach dem Verbrechen infolge der beigebrachten Verletzungen eintritt, so beträgt die Strafe acht Jahre Zuchthaus mit darauf folgender zwölfjähriger Verbannung, oder wahlweise, die feste Strafe der Verbannung auf fünfundzwanzig Jahre.

Art. 367. Wer sich vorsätzlich verstümmelt, um sich zum Militärdienst untauglich zu machen, wird zu Besserungshaft von drei Monaten bis zu einem Jahre verurteilt.

Einziger §: Wenn der Mitschuldige Arzt, Wundarzt oder Arzneihändler ist, so wird er zu derselben Strafe und entsprechender Geldbufse verurteilt.

5. Abschnitt.

Totschlag, Verwundung und andre unbeabsichtigte Körperverletzungen.

Art. 368. Die unabsichtliche Tötung, die jemand begeht, oder die er durch seine Unerfahrenheit, Unachtsamkeit, Nachlässigkeit, seinen Mangel an Geschicklichkeit oder aus Nichtbeachtung einer Verordnung verursacht, wird mit Gefängnis von einem Monat bis zu zwei Jahren und entsprechender Geldbufse bestraft.

Einziger §: Die unbeabsichtigte Tötung, die die Folge einer unerlaubten Handlung, oder einer zu unerlaubter Zeit, an unerlaubtem Orte oder auf unerlaubte Art begangenen erlaubten Handlung ist, unterliegt derselben Strafe, sofern nicht für die unerlaubte Handlung eine schwerere Strafe vorgesehen ist, die in diesem Falle allein angewendet wird.

Art. 369. Wenn jemand aus denselben Gründen und unter denselben Umständen eine Verwundung oder eine der in dem vorigen Abschnitt angegebenen Körperverletzungen beibringt oder unvorsätzlich verursacht, wird er mit Gefängnis von drei Tagen bis zu sechs Monaten bestraft, oder er wird nur zur Schadloshaltung verpflichtet, je nach den Umständen, vorbehaltlich der Strafe wegen Übertretung, wenn solche vorliegt.

6. Abschnitt.

Milderungsgründe bei Mord, Verwundungen und andern Körperverletzungen.

Art. 370. Wenn der Mord oder die Verwundungen oder Mifshandlungen oder eine andre Körperverletzung ohne Vorbedacht begangen werden, indem sie durch Schläge oder andre schwere Gewalttätigkeiten gegen die Personen hervorgerufen worden sind, so werden die Strafen auf die folgende Art gemildert:

1. Wenn die Strafe Zuchthaus von acht Jahren mit darauf folgender zwanzigjähriger Verbannung, mit Gefängnis am Orte der Verbannung bis zu zwei Jahren ist, je nach dem Gutachten des Richters, oder wahlweise, die feste Strafe der Verbannung auf achtundzwanzig Jahre, mit Gefängnis am Orte der Verbannung von acht bis zu zehn Jahren, oder eine sonstige feste Strafe, so wird sie auf Besserungshaft von einem bis zu zwei Jahren und entsprechende Geldbufse herabgesetzt.

2. Irgend eine zeitige Strafe wird auf Gefängnis von sechs Monaten bis zu zwei Jahren herabgesetzt.

3. Die Besserungsstrafe wird auf Gefängnis von drei Tagen bis zu sechs Monaten herabgesetzt.

Art. 371. Die in dem vorigen Artikel festgesetzte Milderung tritt ein, wenn die dort angegebenen Handlungen begangen werden, indem bei Tage das Einsteigen oder Einbrechen in ein bewohntes Haus oder in dessen Nebenräume, die mit ihm in unmittelbarer Verbindung stehen, abgewehrt, oder der Dieb oder Angreifer, der eingedrungen ist, zurückgetrieben wird.

Art. 372. Der verheiratete Mann, der seine Frau im Ehebruch antrifft, dessen Anklage ihm nach den Bestimmungen des Artikels 404, § 2 nicht verwehrt werden darf, und der dabei entweder die Frau oder den Verführer oder beide tötet, oder ihnen eine der in den Artikeln 360, No. 3 bis 5, 361 und 366 angegebenen Körperverletzungen beibringt, wird auf sechs Monate aus dem Gerichtssprengel verwiesen.

§ 1. Wenn die Verletzungen geringfügig sind, so erleidet er keinerlei Strafen.

§ 2. Dieselben Bestimmungen werden auf die verheiratete Frau angewendet, die bei der in diesem Artikel angegebenen Handlung die von dem Ehemanne in der ehelichen Wohnung gehaltene und unterhaltene Beischläferin, oder den Ehemann oder beide tötet, oder ihnen die erwähnten Körperverletzungen beibringt.

§ 3. Dieselben Bestimmungen werden auch unter gleichen Umständen auf die Eltern mit Beziehung auf ihre minderjährigen Töchter unter einundzwanzig Jahren und deren Verführer, solange jene unter elterlicher Gewalt leben, angewendet, ausgenommen, wenn die Eltern selbst die Verführung angeregt, begünstigt oder erleichtert haben.

Art. 373. Die Strafe für das Verbrechen der Entmannung kann der Bestimmung im Artikel 370 gemäfs nur gemildert werden, falls die schwere Gewalttätigkeit in schimpflicher Verletzung der Schamhaftigkeit besteht.

Art. 374. Die Beleidigungen durch Worte, die Verleumdungen oder beleidigenden Unterstellungen, die im Artikel 363 nicht gekennzeichneten Bedrohungen sind nicht zu den im Artikel 370 bezeichneten Herausforderungen zu rechnen zum Zwecke der darin festgesetzten besondern Milderung, vorbehaltlich der Bestimmung im Artikel 39, No. 4.

Einziger §: In den in diesem Artikel angegebenen Fällen, ebenso in allen andern, in denen mildernde Umstände festgestellt werden, sind die allgemeinen Regeln über die Milderung der Strafen zu beobachten.

Art. 375. Bei dem Verbrechen des Vatermordes findet die im Artikel 370 dieses Abschnittes festgesetzte Milderung nicht statt, wenn aber kein Vorbedacht vorliegt, wenn Herausforderung festgestellt wird, so dafs im Augenblick des Verbrechens durch die Gewalttätigkeiten des Verwandten aufsteigender Linie das Leben des Täters in Gefahr ist, so kann die Strafe nach den allgemeinen Regeln gemildert werden.

7. Abschnitt.

Tötung, Verwundungen und andre Gewalttaten, die nicht als Verbrechen gekennzeichnet werden.

Art. 376. Es sind keine Verbrechen die Tötung, die Verwundungen, Mifshandlungen oder andre Gewalttaten, die stattfinden, wenn die in jeder einzelnen Nummer des Artikels 41 erwähnten Umstände vorliegen, in Gemäfsheit der Regeln der Artikel 43 bis 46.

Art. 377. Die im Art. 44, No. 5 aufgestellte Regel schliefst die Fälle in sich, in denen die Tötung, oder die Verwundungen oder Mifshandlungen begangen oder andre Gewaltmittel angewendet werden:

1. Wenn bei Nacht das Einsteigen oder Einbrechen in ein bewohntes Haus oder dessen Nebenräume, die mit ihm durch Zugänge verbunden sind, abgewehrt wird.

2. Wenn eine Verteidigung gegen die Täter erfolgt, die einen Raub oder Zerstörungen mit Gewaltsamkeit ausführen.

Art. 378. Wenn im Falle der No. 5 des Artikels 44 jemand die im Artikel 46 angegebenen Grenzen überschreitet, so wird er, je nach der Art und den Umständen der Überschreitung, entweder mit Besserungshaft bestraft, oder von der Strafe freigesprochen und nur der Schadloshaltung für sein Verfehlen nach bürgerlichem Recht unterworfen.

8. Abschnitt.

Bedrohung und Eindringen in ein fremdes Haus.

Art. 379. Wer schriftlich, mit oder ohne Namensunterschrift, oder mündlich, einem andern droht ihm ein Übel zuzufügen, das ein Verbrechen bildet, sei es, dafs er ihm eine Weisung oder Bedingung angibt oder nicht, wird zu Besserungshaft bis zu drei Monaten und umwandelbarer Strafe bis zu einem Monat verurteilt.

Einziger §: Wer durch irgend ein Mittel einen andern bedroht oder einschüchtert, um ihn zu zwingen etwas zu tun oder zu unterlassen, wozu ihn das Gesetz nicht verpflichtet, wird zu Gefängnis bis zu zwei Monaten verurteilt, wenn er nicht der Bestimmung dieses Artikels verfällt und dem angewendeten Mittel nicht auf Grund einer Sonderbestimmung eine schwerere Strafe entspricht.

Art. 380. Wer aufser den Fällen, in denen das Gesetz es erlaubt, in das Wohnhaus einer Person gegen deren Willen eindringt, wird zu Besserungshaft bis zu sechs Monaten verurteilt.

§ 1. Wenn Gewalttätigkeit oder Bedrohung vorliegt, oder Einsteigen, Einbrechen oder der Gebrauch falscher Schlüssel stattgefunden hat, so tritt Besserungshaft ein.

§ 2. Im Falle des vorigen Paragraphen ist stets, nach den allgemeinen Regeln, der Versuch strafbar.

§ 3. Wer aufser den Fällen, in denen das Gesetz es erlaubt, darauf besteht, im Wohnhause einer Person gegen deren Willen zu bleiben, wird, wenn er das in diesem Artikel und im § 1 angeführte Verbrechen nicht begangen hat, zu Besserungshaft bis zu drei Monaten verurteilt, sofern nicht Gewalttätigkeit oder Drohung vorliegt, und bis zu sechs Monaten im gegenteiligen Falle.

9. Abschnitt.

Zweikampf.

Art. 381. Die Herausforderung zum Zweikampf wird mit Gefängnis von einem bis zu drei Monaten und umwandelbarer Strafe bis zu einem Monat geahndet.

Art. 382. Mit derselben Strafe werden diejenigen belegt, die öffentlich eine Person, weil sie einen Zweikampf nicht angenommen hat, in Mifsachtung bringen oder beleidigen.

Art. 383. Wer einen andern anreizt, sich in einen Zweikampf einzulassen, desgleichen wer durch irgend eine Beleidigung Anlafs zur Herausforderung zum Zweikampf gibt, wird mit Gefängnis von einem Monat bis zu einem Jahre und entsprechender Geldbufse bestraft.

Art. 384. Wer in einem Zweikampf Gebrauch von seinen Waffen gegen seinen Gegner gemacht hat, ohne dafs eine Tötung oder Verwundung erfolgt ist, wird mit Gefängnis von zwei Monaten bis zu einem Jahre und entsprechender Geldbufse bestraft.

Art. 385. Wenn in einem Zweikampf einer der Kämpfer den andern tötet, so wird er mit Gefängnis von einem bis zu zwei Jahren und mit dem Höchstmafs der Geldbufse bestraft, wobei die Zeit der Gefangenschaft auf das Doppelte, mit den alleinigen Wirkungen der Besserungshaft, erhöht werden kann.

§ 1. Wenn aus dem Zweikampf eine der in den Nummern 3 bis 5 des Artikels 360 und im Artikel 361 angegebenen Wirkungen entsteht, so tritt Gefängnis von sechs Monaten bis zu zwei Jahren und entsprechende Geldstrafe ein.

§ 2. Sind Verwundungen eingetreten, die aufserhalb der im vorigen Paragraphen angegebenen Fälle liegen, so tritt Gefängnis von drei bis zu achtzehn Monaten und entsprechende Geldstrafe ein.

Art. 386. Mit Gefängnis bis zu sechs Monaten und umwandelbarer Strafe bis zu einem Monat werden die Zeugen belegt, wenn sie, den allgemeinen Regeln gemäfs, nicht als Anstifter oder Mitschuldige des Verbrechens bestraft werden müssen.

Art. 387. Die vom Gesetz allgemein aufgestellten Strafen werden stets angewendet, wenn in den folgenden Fällen Tötung oder Verwundungen aus Zweikampf entstehen:

1. Wenn der Zweikampf ohne Anwesenheit von Zeugen stattgefunden hat.
2. Wenn Betrug oder Treulosigkeit vorliegt.
3. Gegen irgend eine Person, die aus Gewinnsucht vorsätzlich zum Zweikampf herausfordert, anreizt oder Ursache gibt.

Art. 388. Wenn einer der Täter öffentlicher Beamter ist, so kann, je nach den Umständen, der Strafe die Entlassung hinzugefügt werden.

10. Abschnitt.

Gemeinsame Bestimmung zu den Abschnitten dieses Kapitels.

Art. 389. Wenn im Falle von Tötung, oder Tod infolge von Verwundungen, Mifshandlungen oder andern Körperverletzungen, von denen dieses Kapitel handelt, jemand den Leichnam der gestorbenen Person verhehlt oder verbirgt, so wird er mit Gefängnis von drei Monaten bis zu zwei Jahren bestraft, ausgenommen, wenn eine höhere Strafe eintritt, falls Teilnahme an dem Verbrechen vorliegt.

Kapitel IV.

Von den Verbrechen gegen die Sittlichkeit.

1. Abschnitt.

Öffentliche Verletzung der Schamhaftigkeit.

Art. 390. Die öffentliche Verletzung der Schamhaftigkeit, die durch eine Handlung begangen wird, oder wenn die Öffentlichkeit aus dem Orte oder aus andern Umständen, von denen das Verbrechen begleitet ist, hervorgeht, und sofern keine Verletzung der Sittsamkeit einer Person vorliegt, wird mit Gefängnis bis zu sechs Monaten und umwandelbarer Strafe bis zu einem Monat geahndet.

2. Abschnitt.

Angriff auf die Züchtigkeit, Notzucht und Vergewaltigung.

Art. 391. Jeder Angriff auf die Züchtigkeit einer Person des einen oder andern Geschlechts, der gewaltsam begangen wird, sei es, um unzüchtige Leidenschaften zu befriedigen, sei es aus sonstigem Grunde, wird mit Besserungshaft bestraft.

Einziger §: Wenn die angegriffene Person unter zwölf Jahren ist, so tritt in jedem Falle dieselbe Strafe ein, sofern nicht Vergewaltigung nachgewiesen wird.

Art. 392. Wer mittels Verführung eine Jungfrau über zwölf und unter achtzehn Jahren schändet, wird zu Zuchthaus von zwei bis zu acht Jahren, oder wahlweise, zu zeitiger Verbannung verurteilt.

Art. 393. Wer unerlaubte Geschlechtsverbindung mit einer Frau, gegen deren Willen, mittels körperlicher Gewalttätigkeit, heftiger Einschüchterung, oder durch irgend welchen Betrug, der nicht Verführung ist, vollführt, wenn sich die Frau entweder des Gebrauches der Vernunft beraubt, oder im bewufstlosen Zustande befindet, begeht das Verbrechen der Vergewaltigung und wird mit Zuchthaus von zwei bis zu acht Jahren, oder wahlweise, mit zeitiger höherer Gefängnisstrafe belegt.

Art. 394. Wer eine Minderjährige unter zwölf Jahren vergewaltigt, sofern keiner der im vorigen Artikel angegebenen Umstände bewiesen wird, wird zu Zuchthaus von vier Jahren und darauf folgender achtjähriger Verbannung, oder wahlweise, zu der festen Strafe fünfzehnjähriger Verbannung verurteilt.

Art. 395. Die Entführung einer Frau zu unehrbarem Zwecke, mittels körperlicher Gewalttat, heftiger Einschüchterung oder sonstigen Betruges, der nicht Verführung ist, wird, wenn die Frau entweder des Gebrauches der Vernunft oder der Sinne beraubt ist, als gewaltsamer Angriff auf die Züchtigkeit bestraft, wenn nicht Schändung oder Vergewaltigung begangen worden ist; und die Tat wird als erschwerender Umstand des vollendeten Verbrechens angesehen.

§ 1. Die Entführung einer Minderjährigen unter zwölf Jahren zu unehrbarem Zweck wird stets als Vergewaltigung angesehen.

§ 2. Wenn wegen Freiheitsberaubung oder eines andern Verbrechens dem Täter schwerere Strafen auferlegt werden müssen, so sind diese anzuwenden.

Art. 396. Als erschwerender Umstand der Schändung wird die Entführung einer Jungfrau von mehr als zwölf und weniger als achtzehn Jahren angesehen, die mit deren Zustimmung aus dem Hause oder dem Orte erfolgt, wo sie sich mit gehöriger Ermächtigung aufhält; wenn die Schändung jedoch nicht erfolgt, so wird die durch Verlockung erfolgte Entführung mit Besserungshaft bis zu einem Jahre bestraft.

Art. 397. In allen Fällen, in denen Entführung vorliegt, ist die Bestimmung der Artikel 332 und 344 § 2 anwendbar.

Art. 398. Bei den Verbrechen, von denen dieser Abschnitt handelt, werden die Strafen durch die unmittelbar höheren ersetzt, wenn der Täter

1. Verwandter aufsteigender Linie oder Bruder der angegriffenen Person ist.

2. Vormund, Sachwalter oder Lehrer dieser Person ist oder durch irgend einen Rechtsgrund Gewalt über sie hat; oder wenn er mit ihrer Erziehung, Leitung oder Bewachung beauftragt ist; oder wenn er Geistlicher oder öffentlicher Beamter ist, von dessen Befugnisse die Angelegenheiten oder Ansprüche der angegriffenen Person abhängen.

3. Diener oder Hausgenosse der angegriffenen Person oder ihrer Familie ist, oder wenn er auf Grund eines Berufes, der einen Berechtigungsschein erfordert, Einflufs auf die angegriffene Person hat.

4. Auf die angegriffene Person eine Geschlechtskrankheit übertragen hat.

Art. 399. Bei den in den vorigen Artikeln vorgesehenen Verbrechen findet kein strafrechtliches Vorgehen statt ohne vorgängige Anzeige der angegriffenen Person, oder ihrer Eltern, Grofseltern, des Ehemannes, der Brüder, Vormünder oder Sachwalter, ausgenommen in den folgenden Fällen:

1. Wenn die angegriffene Person jünger als zwölf Jahre ist.

2. Wenn irgend eine Gewalttat begangen worden ist, die von dem Gesetz als Verbrechen aufgefafst wird und deren Verfolgung nicht von der Anzeige oder der Anklage der Beteiligten abhängt.

3. Wenn die Person im Elend lebt oder sich in der Pflege einer Wohltätigkeitsanstalt befindet.

> Einziger §: Nach erfolgter Anzeige und Einleitung des Strafverfahrens hemmt die Verzeihung oder die Zurücknahme des Antrages seitens der Beteiligten nicht das strafrechtliche Vorgehen.

Art. 400. In den Fällen von Schändung und Vergewaltigung einer Jungfrau ist der Täter verpflichtet, die angegriffene Frau mit Mitteln auszustatten.

> Einziger §: In jedem der Fälle, auf die sich dieser Artikel bezieht und in allen andern, in den vorhergehenden Artikeln vorgesehenen Fällen hört jedes Verfahren oder jede Strafe auf, wenn der Täter die angegriffene Frau heiratet.

3. Abschnitt.

Ehebruch.

Art. 401. Der Ehebruch der Frau wird mit Zuchthaus von zwei bis zu acht Jahren, oder wahlweise, mit zeitiger Verbannung bestraft.

§ 1. Der ehebrecherische Mitschuldige, der weifs, dafs die Frau verheiratet ist, wird zu derselben Strafe verurteilt und kommt für den Verlust und Schaden auf, der gehörig festgestellt wird.

§ 2. Gegen den ehebrecherischen Mitschuldigen sind nur die Beweise der frischen Tat oder Beweise zulässig, die aus Briefen oder andern von ihm geschriebenen Urkunden hervorgehen.

§ 3. Strafe wegen Ehebruches kann nur auf Grund der Beschwerde und Anklage des beleidigten Ehemannes auferlegt werden.

§ 4. Der Ehemann kann nur gegen die beiden Schuldigen, wenn beide leben, klagen.

Art. 402. Der Ehemann kann nicht Klage führen, wenn er einem der Schuldigen verziehen, oder wenn er sich mit der Frau versöhnt hat.

Einziger §: Jedes Vorgehen hört mit der Zurücknahme der Anklage des Ehemannes auf, und ebenso hört die Wirkung der Verurteilung beider Schuldigen auf, wenn der Ehemann einem von Beiden verzeiht oder wieder mit der Frau zusammen lebt.

Art. 403. Das rechtskräftig gewordene freisprechende Urteil in einer Scheidungssache wegen Ehebruchs bringt alle Wirkungen in der Strafsache hervor.

Einziger §: Wenn das Erkenntnis verurteilend ist, so beeinträchtigt es nicht die Strafsache.

Art. 404. Der verheiratete Mann, der in der ehelichen Wohnung eine Beischläferin hält und unterhält, wird zu umwandelbarer Strafe von drei Monaten bis zu drei Jahren verurteilt.

§ 1. Gegen das in diesem Artikel bezeichnete Verbrechen kann nur die Frau Klage führen.

§ 2. Der dieses Verbrechens überführte Ehemann kann gegen die Frau wegen Ehebruchs nicht klagbar werden, desgleichen, wenn er des Verbrechens überführt ist, seine Frau zur Unzucht angereizt zu haben, wie im Art. 405, § 1 angegeben ist.

4. Abschnitt.

Anreizung zur Unzucht.

Art. 405. Wenn zur Befriedigung der unsittlichen Wünsche eines andern eine Person von ihrem Verwandten aufsteigender Linie zu gewerbsmäfsiger Unzucht oder zum Laster angereizt, oder dabei begünstigt wird, so wird letzterer zu Gefängnis von einem bis zu zwei Jahren und entsprechender Geldbufse verurteilt und verliert auf zwölf Jahre die bürgerlichen Ehrenrechte.

§ 1. Der Ehemann, der dieses Verbrechen mit Beziehung auf seine Frau begeht, wird zum Höchstmafs der

Verweisung und zu umwandelbarer Strafe von drei Monaten bis zu drei Jahren, nach seinem Einkommen, verurteilt; auch verliert er auf zwölf Jahre die bürgerlichen Ehrenrechte.

§ 2. Der Vormund oder eine andre Person, die mit der Erziehung, Leitung oder Überwachung einer Minderjährigen unter einundzwanzig Jahren beauftragt ist, wird für die Begehung dieses Verbrechens bezüglich dieser Minderjährigen mit Gefängnis von sechs Monaten bis zu zwei Jahren und entsprechender Geldbufse bestraft und verliert auf zwölf Jahre das Recht, Vormund oder Mitglied eines Familienrates zu sein, zu unterrichten, oder eine Unterrichtsanstalt zu leiten, sowie an deren Leitung mitzuwirken.

Art. 406. Jede Person, die gewohnheitsmäfsig eine Minderjährige unter einundzwanzig Jahren zur Liederlichkeit oder Unzucht anreizt, oder ihr dazu Vorschub leistet, um die unsittlichen Wünsche eines andern zu befriedigen, wird mit Gefängnis von drei Monaten bis zu einem Jahre und entsprechender Geldbufse bestraft und verliert auf fünf Jahre die bürgerlichen Ehrenrechte.

Kapitel V.

Verbrechen gegen die Ehre, Verleumdung und Beleidigung.

Art. 407. Wenn jemand einen andern öffentlich mit Worten, schriftlich, oder durch veröffentlichte Zeichnung, oder durch ein sonstiges Veröffentlichungsmittel verleumdet, indem er ihm eine, dessen Ehre und Achtbarkeit angreifende Handlung beimifst, oder die beigemessene Beschuldigung weiter trägt, so wird er zu Besserungshaft bis zu vier Monaten und umwandelbarer Strafe bis zu einem Monat verurteilt.

Art. 408. Es ist keinerlei Beweis der Wahrheit der beigemessenen Handlungen zulässig, ausgenommen in den beiden folgenden Fällen:

1. Wenn die den öffentlichen Beamten beigemessenen Handlungen, für die sie verantwortlich sind, sich auf ihre Obliegenheiten beziehen.

2. Wenn einer Privatperson, oder einem öffentlichen Beamten aufserhalb der Ausübung seiner Obliegenheiten, eine strafbare Handlung beigemessen wird, über die eine noch nicht verbüfste Verurteilung vorliegt, oder beim Gericht eine Anklage anhängig ist; aber in beiden Fällen ist nur der Beweis zulässig, der aus dem rechtskräftig gewordenen strafgerichtlichen Erkenntnis hervorgeht. Im Falle die Anklage beim Gericht anhängig ist, wird das Verfahren wegen Verleumdung bis zum Endurteil über die Straftat ausgesetzt.

Einziger §: Ausschliefslich für die Wirkungen der Bestimmung dieses Artikels werden den öffentlichen Beamten die verantwortlichen Mitglieder irgend einer Körperschaft, die behördliche Gewalt ausübt, gleichgestellt.

Art. 409. Wenn in einem der im vorhergehenden Artikel genannten Fälle der Angeklagte die Wahrheit der zur Last gelegten Handlungen nach den dort vorgeschriebenen Bestimmungen beweist, so ist er straffrei. Wenn er die Wahrheit der Beschuldigungen nicht beweist, so wird er als Verleumder mit Besserungshaft bis zu einem Jahre und entsprechender Geldbuſse bestraft.

Art. 410. Wenn die Beleidigung, ohne eine bestimmte Handlung zur Last zu legen, gegen irgend eine Person öffentlich, durch Geberden, mündlich, oder durch veröffentlichte Zeichnung oder Schrift, oder durch ein sonstiges Veröffentlichungsmittel begangen wird, so tritt Besserungshaft bis zu zwei Monaten und umwandelbare Strafe bis zu einem Monat ein.

Einziger §: Bei der Anklage wegen Beleidigung wird kein Beweis der Wahrheit einer Tatsache zugelassen, auf die sich die Beleidigung beziehen kann.

Art. 411. Wenn die in den Artikeln 407 und 410 genannten Straftaten gegen eine Körperschaft begangen werden, die behördliche Gewalt ausübt, so tritt im ersten Falle Besserungshaft bis zu sechs Monaten, im zweiten Falle die Strafe des Artikels 407 ein.

Einziger §: Wenn die Straftaten gegen eine der gesetzgebenden Kammern begangen werden, so tritt Besserungshaft bis zu sechs Monaten und umwandelbare Strafe bis zu einem Monat ein.

Art. 412. Wenn bei den in den vorhergehenden Artikeln vorgesehenen Straftaten keine Öffentlichkeit vorliegt, so tritt umwandelbare Strafe bis zu zwei Monaten ein.

Art. 413. Wenn eine körperliche Verletzung öffentlich gegen eine Person in der Absicht sie zu beleidigen, begangen wird, so tritt die Strafe für die unter erschwerenden Umständen begangene Ehrverletzung ein, ausgenommen, wenn der Verletzung eine schwerere Strafe entspricht, die in diesem Falle auferlegt wird, als wenn bei der Straftat auch erschwerende Umstände mitgewirkt hätten.

Art. 414. Die Strafe für Ehrverletzung wird demjenigen auferlegt, der böswillig, in der Absicht zu beleidigen, eine Handlung begeht, die die der öffentlichen Behörde schuldige Achtung verletzt, ausgenommen, wenn die Verletzung nach dem Gesetz eine schwerere Strafe erheischt, die in diesem Falle angewendet wird, wie wenn bei der Straftat erschwerende Umstände mitgewirkt hätten.

Art. 415. Die in diesem Kapitel angegebenen Straftaten, die gegen den rechtmäſsigen oder natürlichen Vater, oder gegen die rechtmäſsige oder natürliche Mutter, oder gegen die rechtmäſsigen Verwandten aufsteigender Linie begangen werden, werden, unbeschadet der Bestimmung im Artikel 365, stets mit dem Höchstmaſs der Strafe geahndet.

Einziger §: Wenn diese Straftaten von andern erschwerenden Umständen begleitet werden, so sind die allgemeinen Regeln zu beobachten.

Art. 416. Gerichtliches Vorgehen wegen Verleumdung und Beleidigung kann nur auf Antrag des Beteiligten erfolgen, wenn dieser ein persönlich verleumdeter oder beleidigter Privatmann oder öffentlicher Beamter ist, ausgenommen in den im Kapitel II des Titels III dieses Buches angegebenen Fällen.

Einziger §: Die Regel dieses Artikels findet keine Anwendung, wenn die Straftat in Gegenwart der öffentlichen Behörden oder der Geistlichen, bei der Ausübung ihres Berufes, oder in den zum öffentlichen Dienst bestimmten Gebäuden, in Räumen zum Gottesdienst, oder in den königlichen Palästen begangen wird.

Art. 417. Die gegen eine bereits verstorbene Person begangene Verleumdung oder Beleidigung wird bestraft, wenn der Verwandte auf- oder absteigender Linie, der Gatte, der Bruder oder Erbe dieser Person klagbar wird.

Art. 418. Straffrei ist, wer vor Gericht befriedigende Erklärungen wegen der Verleumdung oder Beleidigung, deren er angeklagt ist, abgibt, wenn der Angegriffene diese Genugtuung annimmt.

Art. 419. Wenn die vor Gericht gehaltenen Reden oder die dort vorgelegten Schriftstücke Verleumdungen oder Beleidigungen enthalten, so können die Richter, vor denen die Sache anhängig ist, die Anwälte oder Sachwalter, die die Beleidigung oder Verleumdung begangen haben, bis zu sechs Monaten, und im Wiederholungsfalle auf die doppelte Zeit des Amtes entheben. Auch können sie anordnen, dafs in den Schriftstücken die verleumderischen oder beleidigenden Ausdrücke gestrichen werden.

Einziger §: Wenn diese Ausdrücke sich auf Tatsachen beziehen, die der Sache fremd sind, oder wenn die Verleumdung oder die Beleidigung solcher Art, oder von solchen Umständen begleitet ist, dafs nach der Ansicht der Richter eine schwerere Strafe auferlegt werden mufs, so verfügen sie einstweilen die in diesem Artikel erwähnte Amtsenthebung und überweisen die Angelegenheit dem zuständigen Gericht.

Art. 420. Die öffentlich durch Worte begangene Verletzung der allgemeinen Sittlichkeit wird mit Gefängnis bis zu drei Monaten und umwandelbarer Strafe bis zu einem Monat geahndet.

Einziger §: Wenn diese Straftat schriftlich oder durch veröffentlichte Zeichnung, oder durch ein sonstiges andres Veröffentlichungsmittel begangen wird, so tritt Gefängnis bis zu sechs Monaten und umwandelbare Strafe bis zu einem Monat ein.

Titel V.

Von den Verbrechen gegen das Eigentum.

Kapitel I.

Vom Diebstahl und vom Raube, sowie von der Anmafsung der unbeweglichen Sache.

1. Abschnitt.

Diebstahl.

Art 421. Wer Diebstahl begeht, indem er betrügerischerweise eine ihm nicht gehörige Sache entwendet, wird verurteilt:

1. Zu Gefängnis bis zu sechs Monaten und umwandelbarer Strafe bis zu einem Monat, wenn der Wert der gestohlenen Sache 10 000 Reis nicht übersteigt.

2. Zu Gefängnis bis zu einem Jahr und umwandelbarer Strafe bis zu zwei Monaten, wenn der Wert diesen Betrag übersteigt und nicht über 40 000 Reis ist.

3. Zu Besserungshaft bis zu zwei Jahren und umwandelbarer Strafe bis zu sechs Monaten, wenn der Wert 40 000 Reis übersteigt und nicht höher ist als 100 000 Reis.

4. Zu Zuchthaus von zwei bis zu acht Jahren, oder wahlweise, zu zeitiger Verbannung mit umwandelbarer Strafe bis zu einem Jahre, in beiden Fällen, wenn der Wert 100 000 Reis übersteigt.

§ 1. Der Versuch zum Diebstahl wird stets bestraft.

§ 2. Der zweite Rückfall wird mit Besserungshaft und entsprechender Geldbufse bestraft, wenn die anwendbare Strafe die der No. 1 des vorstehenden Artikels ist, mit Zuchthaus von zwei bis zu acht Jahren, oder wahlweise, mit zeitiger Verbannung, wenn sie eine der in den Nummern 2 und 3 bezeichneten ist, mit Zuchthaus von vier Jahren, und darauf folgender achtjähriger Verbannung, oder wahlweise, mit der festen Strafe der Verbannung auf fünfzehn Jahre, wenn sie die der Nummer 4 ist.

Art. 422. Die Strafen für Diebstahl werden dem auferlegt, der betrügerischerweise eine ihm gehörige Sache entwendet, die als Pfand oder Hinterlegung in jemandes Gewalt ist, oder die er zerstört oder abhanden kommen läfst, wenn sie, in seiner Gewalt, auf gerichtliche Anordnung verpfändet oder hinterlegt ist.

Art. 423. Diejenigen, die einen, einem andern gehörigen Gegenstand gefunden haben und betrügerischerweise unterlassen, ihn seinem Besitzer zu überweisen, oder die Mafsregeln zu ergreifen, die das Gesetz vorschreibt, wenn der Besitzer der gefundenen Sache unbekannt ist, werden zu den Strafen wegen Diebstahls, die aber gemildert werden, verurteilt.

§ 1. Dieselbe Bestimmung wird auf den angewendet, der ein, beim Gericht in einer beliebigen Sache vorgelegtes

Schriftstück oder eine Urkunde oder einen Teil von Amtspapieren entwendet.

§ 2. Wenn die Amtspapiere eine Strafsache betreffen und es sich in dieser um ein vom Gesetz mit Zuchthaus bedrohtes Verbrechen handelt, so wird der Diebstahl mit Zellengefängnis von zwei bis zu acht Jahren, oder wahlweise, mit zeitiger Verbannung und, in beiden Fällen, mit umwandelbarer Strafe bis zu einem Jahre bestraft, und wenn es sich nicht um eine der höheren Strafen handelt, so wird der Diebstahl mit Gefängnis bis zu zwei Jahren und umwandelbarer Strafe bis zu drei Monaten geahndet.

§ 3. Wenn der Diebstahl Papiere oder sonstige Gegenstände umfafst, die in öffentlichen Niederlagen oder in gesetzlich mit der Aufbewahrung dieser Gegenstände beauftragten Anstalten hinterlegt sind, so wird die Strafe nach den allgemeinen Regeln verschärft.

§ 4. Die Bestimmungen dieses Artikels und seiner Paragraphen werden auf den angewendet, der die betreffenden Papiere oder Gegenstände abhanden kommen läfst oder zerstört.

Art. 425. Mit Zuchthaus von zwei bis zu acht Jahren, oder wahlweise, mit zeitiger Verbannung und, in beiden Fällen, mit umwandelbarer Strafe bis zu einem Jahre werden belegt, wenn der Diebstahl 40 000 Reis übersteigt:

1. Die Diener, die eine ihren Herren gehörige Sache stehlen.

2. Die Diener, die etwas stehlen, das irgend einer Person im Hause ihrer Herren oder in dem Hause gehört, wohin sie diese zur Zeit des Diebstahls begleiten.

3. Irgend ein Lohndiener oder eine Person, die gewöhnlich in der Wohnung, Werkstatt oder Anstalt, wo sie den Diebstahl begeht, arbeitet.

4. Die Wirte oder sonstige Personen, die andere gegen Geld beherbergen, oder ihre Angestellten, die Nachenführer, die Mauleseltreiber, oder sonstige Führer oder ihre Angestellten, die ganz oder teilweise stehlen, was ihnen in ihrer Eigenschaft anvertraut war.

§ 1. Wenn der Diebstahl den Wert von 40 000 Reis nicht übersteigt und nicht geringer ist als 10 000 Reis, so tritt Gefängnis bis zu zwei Jahren und umwandelbare Strafe bis zu sechs Monaten ein.

§ 2. Ist der gestohlene Wert geringer als 10 000 Reis, so tritt Gefängnis bis zu einem Jahr und umwandelbare Strafe bis zu einem Monat ein.

§ 3. Bei Diebstahl von Gegenständen, die zur Beförderung anvertraut sind, tritt, wenn diese mit gesundheitschädlichen Stoffen verändert werden, auch Gefängnis am Orte der Verbannung für die den Richtern geeignet scheinende Zeit ein.

Art. 426. Der Diebstahl wird nach den Bestimmungen der folgenden Artikel bestraft, wenn er nach den in ihnen aufgestellten Regeln durch die Mitwirkung eines oder mehrerer der folgenden Umstände erschwert wird:

1. Wenn der Verbrecher oder einer der Verbrecher im Augenblick der Straftat sichtbare oder verborgene Waffen trägt.
2. Wenn die Tat während der Nacht oder an einsamem Orte begangen worden ist.
3. Von zwei oder mehr Personen.
4. Im bewohnten oder zur Wohnung bestimmten Hause, in einem öffentlichen oder zum Kirchendienst bestimmten Gebäude, oder auf dem Begräbnisplatz.
5. Auf der Landstrafse oder öffentlichem Wege, wenn dort beförderte Gegenstände entwendet werden.
6. Mit Anmafsung einer Amtsbezeichnung, oder Amtskleidung oder des Abzeichens eines öffentlichen Beamten des Bürger- oder Soldatenstandes, oder unter Angabe eines falschen Auftrages irgend einer öffentlichen Behörde.
7. Mittels Einbruchs, Einsteigens, oder falscher Schlüssel, in ein nicht bewohntes Haus.

Art. 427. Wenn der Diebstahl unter einem der in den Nummern 6 und 7 des vorhergehenden Artikels erwähnten Umstände begangen wird, so tritt die in No. 2 des Artikels 421 angegebene Strafe ein, wenn der Wert der gestohlenen Sache der in No. 1 desselben Artikels angegebene ist:

1. Die Strafe der No. 3, wenn der Wert der unter No. 2 ist.
2. Die Strafe der No. 4, wenn der Wert der unter No. 3 ist.
3. Die Strafe der No. 4, verschärft, wenn der Wert der der No. 4 ist.

Art. 428. Wenn der Diebstahl in der Nacht in einem bewohnten oder zur Wohnung bestimmten Hause, oder in einem öffentlichen oder zum Kirchendienste bestimmten Gebäude, oder auf einem Begräbnisplatze, oder auf der Landstrafse oder auf öffentlichem Wege, an dort beförderten Gegenständen, begangen wird und von einem der anderen im Artikel 426 aufgezählten Umstände begleitet ist, so wird er geahndet:

1. Mit der Strafe der No. 3 des Artikels 421, wenn der Wert der gestohlenen Sache der unter No. 1 desselben Artikels angegebene ist.
2. Mit der Strafe der No. 4, wenn der Wert der unter No. 2 angegebene ist.
3. Mit der Strafe der No. 4, verschärft, und nie unter drei Jahren Zuchthaus, oder wahlweise, mit fünf Jahren Verbannung, wenn der Wert der unter No. 3 ist.
4. Mit acht Jahren Zuchthaus, oder wahlweise, mit zwölf Jahren Verbannung, wenn der Wert der unter No. 4 angegebene ist.

Einziger §: Die Bestimmungen dieses Artikels sind auf den von zwei oder mehr Personen begangenen Diebstahl anwendbar, wenn zwei oder mehr der übrigen im Artikel 426 aufgezählten Umstände mitwirken.

Art. 429. Die Anwendung der allgemeinen Regeln findet immer statt, wenn in einem der in den vorhergehenden Artikeln erwähnten Fälle ein oder mehrere erschwerende Umstände mitwirken.

Art. 430. In allen in diesem Abschnitt erwähnten Fällen tritt, wenn der Diebstahl den Betrag von 500 Reis nicht übersteigt und wenn er nicht gewohnheitsmäfsig ist, die Strafe nur ein, sofern sich der Geschädigte beklagt.

§ 1. Wer in fremdes Gebiet eindringt, um Früchte zu sammeln und an Ort und Stelle zu essen, wird, wenn sich der Geschädigte beklagt, mit Verweis bestraft.

§ 2. Wer, desgleichen, in fremdes Gebiet eindringt, um Nachlese zu halten, so lange die Früchte noch nicht eingeerntet sind, wird mit Haft bis zu sechs Tagen bestraft, wenn sich der Geschädigte beklagt.

§ 3. In den Fällen der beiden vorhergehenden Paragraphen tritt Besserungshaft ein, wenn zweiter Rückfall vorliegt, oder wenn die dort angeführten Straftaten gewohnheitsmäfsige sind.

Art. 431. Das Strafverfahren wegen Diebstahls findet nicht statt für die Entwendungen, die begangen werden:

1. Von dem Ehegatten zum Nachteil des andern, ausgenommen, wenn gerichtliche Trennung der Personen und Habe vorliegt.

2. Von dem Verwandten aufsteigender Linie zum Nachteil des Nachkommen.

§ 1. Irgend eine andre Person, die in diesen Fällen an der Handlung teilnimmt, wird je nach der Art der Teilnahme der strafrechtlichen Verantwortlichkeit unterworfen.

§ 2. Die Tätigkeit des Gerichts findet nicht statt ohne Klage des Geschädigten, wenn der von dem Täter begangene Diebstahl gegen seine Verwandten aufsteigender Linie, Geschwister, Schwäger, Schwiegereltern oder Schwiegersöhne, Stiefeltern oder Stiefkinder, Vormünder oder Meister gerichtet ist, und das Verfahren hört auf, sobald die Geschädigten das beantragen.

2. Abschnitt.

Raub.

Art. 432. Als Raub wird die Entwendung der fremden Sache gekennzeichnet, die mit Gewalttätigkeit oder Drohung gegen eine Person begangen wird.

Einziger §: Das Eindringen in ein bewohntes Haus mittels Einbruches, Einsteigens oder falscher Schlüssel, wird als Gewalttätigkeit gegen die Personen angesehen, wenn sie sich bei dieser Gelegenheit tatsächlich darin befanden.

Art. 433. Wenn der Raub unter Mitwirkung von Mord begangen oder versucht wird, so wird auf die Verbrecher die Zuchthausstrafe von acht Jahren und darauf folgende zwanzigjährige Verbannung, mit Gefängnis am Orte der Verbannung bis zu zwei Jahren, oder ohne es, je nach dem Gutachten des Richters, oder wahlweise, die feste Strafe der Verbannung auf achtundzwanzig Jahre, mit Gefängnis am Orte der Verbannung von acht bis zu zehn Jahren, angewendet.

Art. 434. Die Zuchthausstrafe von sechs Jahren und darauf folgende Verbannung auf zehn Jahre, oder wahlweise, zwanzigjährige Verbannung wird angewendet, wenn der Raub unter Mitwirkung von Freiheitsberaubung oder Gewalttätigkeit oder einigen der im Artikel 361 und seinem Paragraphen genannten Körperverletzungen begangen wird.

§ 1. Wenn der Raub an einsamem Orte von zwei oder mehr Personen, die sichtbare oder versteckte Waffen tragen, begangen wird, so wird jeder der Verbrecher, wenn aus der Gewalttätigkeit eine Verwundung oder Quetschung oder die Spur irgend eines Leidens hervorgegangen ist, je nach der Schwere der Folgen der Gewalttätigkeit, zu Zuchthaus nie unter fünf Jahren und vier Monaten, oder wahlweise, zu zeitiger höherer Gefängnisstrafe nie unter acht Jahren, oder zu Zuchthaus von vier Jahren mit darauf folgender achtjähriger Verbannung, oder wahlweise, zu der festen Strafe der Verbannung auf fünfzehn Jahre verurteilt.

§ 2. Die Versuche zum Raube in den in diesem Artikel und § 1 vorgesehenen Fällen werden wie das unter mildernden Umständen begangene vollendete Verbrechen bestraft.

Art. 435. Die Zuchthausstrafe von zwei bis zu acht Jahren, oder wahlweise, die zeitige höhere Gefängnisstrafe wird angewendet:

1. Wenn der Raub von einer Person allein, mit Waffen an einsamem Orte begangen wird.

2. Wenn der Raub von zwei oder mehr Personen in anderen als den, in dem vorhergehenden Artikel und seinem § 1 genannten Fällen begangen wird.

Art. 436. Der Mitschuldige, der die andern zusammengerufen oder verleitet, oder Weisungen zu dem Raube gegeben, oder seine Ausführung geleitet hat, wird verurteilt:

1. Im Falle des Artikels 433 zu Zuchthaus von acht Jahren mit darauf folgender zwanzigjähriger Verbannung und Gefängnis am Orte der Verbannung bis zu zwei Jahren, oder ohne es, je nach dem Gutachten des Richters, oder wahlweise, zu der festen Strafe der Verbannung auf achtundzwanzig Jahre, mit Gefängnis am Orte der Verbannung von acht bis zu zehn Jahren, im Höchstmafse seiner Verschärfung.

2. Im Falle des Artikels 434 zu acht Jahren Zuchthaus mit darauf folgender zwölfjähriger Verbannung, oder wahlweise, zu der festen Strafe der Verbannung auf fünfundzwanzig Jahre, aber verschärft.

3. Im Falle des § 1 des Artikels 434 zu Zuchthaus von vier Jahren mit darauf folgender achtjähriger Verbannung, oder zu Zuchthaus von sechs Jahren mit darauf folgender zehnjähriger Verbannung, oder wahlweise, zu einer der festen Verbannungsstrafen von fünfzehn oder zwanzig Jahren, je nach der Schwere der Folgen der Gewalttätigkeit.

4. Im Falle des § 2 des Artikels 434 zu den Strafen für das vollendete Verbrechen.

5. Im Falle der No. 2 des Artikels 435 zu Zuchthaus nie unter fünf Jahren und vier Monaten, oder wahlweise, zu zeitiger höherer Gefängnisstrafe nie unter acht Jahren.

Art. 437. Aufser den in den vorhergehenden Artikeln dieses Abschnittes angegebenen Fällen wird der Raub mit Zuchthaus von zwei bis zu acht Jahren, oder wahlweise, mit zeitiger Verbannung und in beiden Fällen mit umwandelbarer Bufse bis zu einem Jahre bestraft.

Art. 438. Auf die Verbrechen des Raubes ist die Bestimmung des Artikels 431 und seiner Nummern und Paragraphen in dem anwendbaren Teile ausdehnbar.

Art. 439. Wenn der Gläubiger eine seinem Schuldner gehörige Sache stiehlt oder raubt, um sich für die Schuld bezahlt zu machen, so rechtfertigt dieser Umstand nicht die strafbare Handlung, aber er wird als mildernder Umstand angesehen.

Art. 440. Wer mittels Gewalttätigkeit oder Drohung jemandem die Unterzeichnung oder Übergabe einer Schrift oder Urkunde, die eine Verpflichtung oder Bestimmung oder Entlastung enthält oder hervorbringt, abprefst, wird, je nach den Umständen der Tat, zu den für das Verbrechen des Raubes festgesetzten Strafen verurteilt.

Art. 441. Wenn die aus einem zum Kirchen- oder Gottesdienst bestimmten Gebäude gestohlenen oder geraubten Sachen geweihte Gegenstände sind, so werden die betreffenden Strafen für Diebstahl oder Raub im Höchstmafs ihrer Verschärfung angewendet.

Art. 442. Einbruch ist das Aufbrechen, Zerbrechen oder die Zerstörung ganz oder zum Teil, jeder Einrichtung, die dazu dient, den äufseren oder inneren Eingang eines Hauses oder davon abhängigen verschlossenen Raumes, oder von Hausgeräten, die zur Verwahrung irgend welcher Gegenstände bestimmt sind, zu verschliefsen oder zu sperren. Einsteigen ist das Eindringen in ein Haus oder einen davon abhängigen verschlossenen Raum vom Dache aus, durch Türen, Wände oder irgend welche Einrichtungen, die dazu dienen, den Ein- oder Durchgang abzuschliefsen, und ebenso durch eine unterirdische, nicht als Eingang bestimmte Öffnung. Als falsche Schlüssel werden angesehen: 1. die nachgemachten oder geänderten;

2. die echten, die sich zufällig oder erschlichenermafsen aufser der Gewalt dessen befinden, der das Recht hat, sie zu gebrauchen; 3. die Dietriche oder sonstige Werkzeuge, die zum Öffnen von Schlössern dienen können.

Einziger §: Die Entwendung eines verschlossenen Hausgeräts, das zur Sicherung der darin enthaltenen Gegenstände dient, wird, wenn innerhalb des Hauses oder Gebäudes verübt, so angesehen, als sei sie mittels Einbruchs ausgeführt, selbst wenn das Hausgerät an einem andern Orte geöffnet oder erbrochen wird.

Art. 443. Wenn nicht Anlafs zu schwererer Strafe für das begangene Verbrechen vorliegt, wird verurteilt:

1. Zu Gefängnis bis zu drei Monaten und umwandelbarer Strafe bis zu einem Monat derjenige, bei dem ein Dietrich oder ein andres Werkzeug zum Öffnen irgendwelcher Verschlüsse gefunden wird.

2. Zu Besserungshaft bis zu einem Jahre und umwandelbarer Strafe bis zu zwei Monaten, wer zum Schaden jemandes von diesem Dietrich oder Werkzeug Gebrauch gemacht hat.

Art. 444. Wer Dietriche oder die genannten Werkzeuge anfertigt, oder Schlüssel nachmacht oder ändert, wird zu Besserungshaft nie unter einem Jahre und zu umwandelbarer Strafe bis zu sechs Monaten verurteilt.

Einziger §: Wenn er Eisenarbeiter von Beruf ist, so erleidet er das Höchstmafs der Besserungshaft und die umwandelbare Strafe von sechs Monaten.

3. Abschnitt.

Widerrechtliche Aneignung einer unbeweglichen Sache und Herausreifsen von Grenzzeichen.

Art. 445. Wenn jemand, mittels Gewalttat oder Drohung gegen die Personen, eine unbewegliche Sache in Besitz nimmt, indem er sich die Herrschaft, oder die Gewalt, oder die Benutzung davon anmafst, ohne dafs sie ihm gehören, so wird er mit Besserungshaft bestraft.

Art. 446. Irgend eine Person, die ohne Ermächtigung der Gerichtsbehörde, oder ohne Zustimmung der Beteiligten, denen es gehört, ein Grenzzeichen, das zur Begrenzung auf einer Liegenschaft aufgestellt ist, herausreifst, oder auf irgend eine Art unterdrückt oder verändert, wird zu Gefängnis von einem Monat bis zu einem Jahre und entsprechender Geldstrafe verurteilt.

Einziger §: Als Grenzzeichen werden irgendwelche Anlagen oder Marken angesehen, die bestimmt sind, die Grenzen zwischen verschiedenen Grundstücken festzusetzen, desgleichen die zu diesem Zweck gepflanzten oder als solche anerkannten Bäume.

Kapitel II.

Von den Zahlungseinstellungen, der Vorspiegelung falscher Tatsachen und andren Betrügereien.

1. Abschnitt.

Zahlungseinstellungen.

Art. 447. Diejenigen, die in den, nach dem Handelsgesetzbuch vorgesehenen Fällen der betrügerischen Zahlungseinstellung überführt werden, werden mit Zuchthaus von vier Jahren und darauf folgender achtjähriger Verbannung, oder wahlweise, mit der festen Strafe fünfzehnjähriger Verbannung bestraft.

§ 1. Wenn der Zusammenbruch als fahrlässig erkannt wird, so tritt Besserungshaft ein.

§ 2. Dieselbe Strafe wird den Mitschuldigen auferlegt.

Art. 448. Die wegen betrügerischer Zahlungsunfähigkeit verurteilten Makler werden mit Zuchthaus von vier Jahren und darauf folgender achtjähriger Verbannung, oder wahlweise, mit der verschärften festen Strafe der Verbannung auf fünfzehn Jahre bestraft; hierzu tritt Gefängnis am Orte der Verbannung für gewisse Zeit, wenn es den Richtern zweckmäfsig erscheint.

Art. 449. Jeder nicht kaufmännische Schuldner, der sich zahlungsunfähig stellt, indem er seine Habe böswillig verbirgt oder veräufsert, wird mit Gefängnis von drei Monaten bis zu zwei Jahren bestraft.

2. Abschnitt.

Vorspiegelung falscher Tatsachen.

Art. 450. Mit Besserungshaft von mehr als sechs Monaten, die durch Geldbufse verschärft werden kann, und mit Verlust der bürgerlichen Ehrenrechte auf zwei Jahre, je nach den Umständen, wird bestraft:

1. Wer eine Sache, deren Besitzer zu sein er vorgibt, veräufsert, verpachtet, belastet oder verpfändet.

2. Wer eine Sache, sie sei beweglich oder unbeweglich, zweimal an verschiedene Personen verkauft.

3. Wer eine Sache an zwei Personen besonders verpfändet, wenn er vom ersten Gläubiger gar nicht, oder zur Zeit der zweiten Sonderverpfändung nicht genügend entlastet war, um beide zu befriedigen, sofern betrügerische Absicht vorliegt.

4. Wer auf irgend eine Art eine Sache als frei veräufsert, die einem andern besonders verpfändet war, wenn er die Verpflichtung böswilligerweise verheimlicht.

Art. 451. Den Strafen für Diebstahl unterliegt, je nach dem Wert der gestohlenen Sache oder dem verursachten Schaden, wer einen andern betrügt, indem er sich Geld oder bewegliche Sachen oder irgendwelche Wert- oder Staatspapiere auf eine der folgenden Arten geben läfst:

1. Indem er einen falschen Namen oder eine falsche Eigenschaft benutzt.

2. Indem er Schriftfälschung anwendet.

3. Indem er eine betrügerische List anwendet, um die Überzeugung von einer Unternehmung, von Gütern oder von Guthaben, von Vermögen zu erwecken, oder um die Hoffnung auf irgend ein Ereignis hervorzubringen.

Einziger §: Die schwerste Strafe wegen Fälschung, wenn Anlafs dazu vorliegt, wird auferlegt.

Art. 452. Wer mittels mündlicher oder schriftlicher Drohung, beleidigende oder verleumderische Eröffnungen oder Beschuldigungen zu machen, oder unter dem Vorgeben, sie nicht zu machen, einem andern Werte abprefst, oder ihn zwingt, eine Schrift oder Urkunde, die eine Verbindlichkeit oder Entlastung darstellt, hervorbringt oder beweist, zu schreiben, zu unterzeichnen, zu übergeben, zu vernichten, zu fälschen, oder auf sonstige Art unbrauchbar zu machen, wird zu den verschärften Strafen wegen Diebstahls verurteilt; das strafrechtliche Vorgehen tritt jedoch nur auf vorgängige Klage des Verletzten ein.

§. Wenn die Werte nicht erprefst werden, auch die Urkunde oder das Schriftstück nicht unterzeichnet, ausgehändigt, geschrieben, vernichtet, gefälscht oder auf irgend eine Art unbrauchbar gemacht wird, so tritt die Strafe des einzigen Paragraphen des Artikels 379 ein.

§ 2. Wer unter dem Vorwande des Ansehens, oder seines oder fremden Einflusses einer öffentlichen Behörde gegenüber, von einem andern eine Sache empfängt, oder das Versprechen auf die Erledigung irgend eines Geschäfts oder Anspruches annimmt, desgleichen wer von einem andern eine Sache empfängt, oder ein Versprechen annimmt unter dem Vorwande einen öffentlichen Beamten zu beschenken oder zu belohnen, wird mit dem Höchstmafs der Besserungshaft und mit Bufse bis zu einem Jahre bestraft, unbeschadet des Vorgehens, das dem öffentlichen Beamten wegen Beleidigung zusteht.

3. Abschnitt.

Vertrauensbruch, Vorspiegelungen und andre Arten von Betrug.

Art. 453. Wer zum Schaden des Eigentümers, oder Besitzers oder Aufbewahrers Geld oder eine bewegliche Sache, oder Wertpapiere oder sonstige Schriften, die ihm als Hinterlegung, zur Miete, im Auftrage, zur Verwaltung, als unentgeltliches Darlehn übergeben worden sind, oder die er zu einer Arbeit, oder zu einer bestimmten Verwendung, oder zu sonstigem Zwecke empfangen hat, wodurch die

Verpflichtung entsteht, diese empfangene Sache oder einen Gegenwert zurückzugeben oder vorzulegen — abhanden kommen läfst oder verschwendet, wird zu den Strafen wegen Diebstahls verurteilt.

Art. 454. Wer die Unerfahrenheit, Bedrängnisse oder Leidenschaften unselbständiger Minderjähriger, oder einer der Rechtsfähigkeit ermangelnden Person, auf Grund von Geistesstörung oder Verschwendungssucht, mifsbraucht, indem er sie dazu bringt, zu ihrem Nachteil eine mündliche oder schriftliche Verpflichtung einzugehen, oder gegen eine Anleihe in Geld oder beweglichen Gütern eine Entlastung oder Übertragung von Rechten zu unterschreiben, selbst wenn die Anleihe sich unter andrer Form verbirgt, wird zu Besserungshaft und entsprechender Geldstrafe verurteilt.

Art. 455. Diejenigen, die einen angeblichen Vertrag, zum Nachteil einer dritten Person oder des Staates, abschliefsen, werden mit Gefängnis von einem bis zu zwei Jahren und Geldbufse von 50 000 bis zu 300 000 Reis, die auf die Mitschuldigen verteilt wird, bestraft.

Art. 456. Mit einem Monat bis zu einem Jahre Gefängnis und entsprechender Geldbufse wird bestraft:

1. Wer den Käufer über die Art der verkauften Sache täuscht.

2. Wer den Käufer täuscht, indem er ihm gefälschte Ware oder solche verkauft, die, um das Gewicht oder den Umfang zu vermehren, mit irgend einem Stoff verändert sind, selbst wenn dieser der Gesundheit nicht schädlich ist.

3. Wer den Käufer täuscht, indem er falsche Gewichte oder Mafse braucht.

§ 1. Wenn ein Gold- oder Silberarbeiter die Fälschung begeht, indem er zu den Arbeiten, die er zum Verkaufe herstellt, eine Mischung verwendet, durch die der gesetzliche Gehalt, die Güte und der Wert des Goldes oder Silbers verändert wird, oder indem er falsche oder nachgemachte Steine einfafst, oder indem er den Käufer über das Gewicht oder den Feingehalt des Goldes oder Silbers, oder über den Wert eines Steines täuscht, so tritt Gefängnis von drei Monaten bis zu zwei Jahren und entsprechende Geldbufse ein.

§ 2. Das einfache Halten von falschen Gewichten oder Mafsen in den Niederlagen, Werkstätten, Kaufhäusern oder an sonstiger Stelle, wo Waren zum Verkauf ausgestellt sind, wird mit Geldbufse von 1000 bis zu 5000 Reis bestraft.

§ 3. Als falsche Gewichte oder Mafse werden die angesehen, die das Gesetz nicht genehmigt.

§ 4. Die Gegenstände der Straftat verfallen, wenn sie dem Verkäufer noch gehören, zu Gunsten des Staates, und ebenso werden die Mafse und Gewichte eingezogen und unbrauchbar gemacht.

Art. 457. Wer das Verbrechen der Nachahmung begeht, indem er ganz oder teilweise, betrügerischerweise und unter Verletzung der auf das Eigentum der Verfasser bezüglichen Gesetze und Vorschriften eine Schrift oder ein Musikstück, eine Zeichnung, Malerei, ein Bildhauerwerk, oder ein sonstiges andres Erzeugnis wieder herstellt, wird mit Geldbuſse von 30 000 bis zu 300 000 Reis und dem Verlust der Stücke des nachgemachten Werkes und aller Gegenstände bestraft, die zur Herstellung der Nachahmung dienten.

§ 1. Dieselbe Strafe, mit dem Verlust der Stücke des Werkes, wird dem auferlegt, der in portugiesisches Gebiet die im Auslande hergestellte Nachahmung eines in Portugal hervorgebrachten Werkes einführt.

§ 2. Wer das derart nachgemachte Werk verkauft oder zum Verkauf ausstellt, wird zu Geldstrafe von 10 000 bis zu 100 000 Reis und zum Verlust der Stücke des nachgemachten Werkes verurteilt.

Art. 458. Jeder Unternehmer oder Leiter von Schauspielen oder einer Künstlergesellschaft, der auf seiner Bühne ein Stück der darstellenden Kunst oder ein Musikwerk aufführen läſst, unter Verletzung der auf das Eigentum der Verfasser bezüglichen Gesetze und Verordnungen, wird mit Geldbuſse von 10 000 bis 100 000 Reis und mit dem Verlust des Ertrages der Aufführung bestraft.

Art. 459. Jede Verletzung der Rechte der Eigentümer der neuen Erfindungen unter Umgehung der auf sie bezüglichen Gesetze und Verordnungen wird mit Geldbuſse von 30 000 bis zu 300 000 Reis und dem Verlust der Gegenstände bestraft, die zur Begehung der Tat benutzt worden sind.

Art. 460. In den in den vorhergehenden Artikeln angegebenen Fällen werden dem durch die Straftat benachteiligten Eigentümer als Entschädigung die verfallenen Gegenstände und Einnahmen zugesprochen, und wenn an seiner vollen Entschädigung etwas fehlt, so stehen ihm die gewöhnlichen Mittel zu Gebote.

Kapitel III.

Von denen, die fremde Briefe oder Papiere öffnen, und von der Offenbarung der Geheimnisse.

Art. 461. Wer böswilligerweise einen Brief oder ein verschlossenes Papier einer andern Person öffnet, wird zu Gefängnis bis zu einem Jahre und umwandelbarer Strafe bis zu drei Monaten verurteilt, wenn er Kenntnis von ihren Geheimnissen nimmt und sie offenbart; zu Gefängnis bis zu sechs Monaten, wenn er sie nicht offenbart; und zu Gefängnis bis zu drei Monaten, wenn er sie nicht offenbart und auch nicht Kenntnis von ihnen nimmt; alles unbeschadet der Strafen wegen Diebstahls, wenn Anlaſs dazu vorliegt.

§ 1. Die Bestimmung dieses Artikels ist nicht anwendbar auf die Ehemänner, Eltern und Vormünder mit Beziehung auf die Briefe oder Papiere ihrer Frauen, Kinder oder Mündel, die sich nuter ihrer Gewalt befinden.

§ 2. Wenn der Täter Diener, Verwalter oder sonst ein gewohnheitsmäfsig im Dienste der verletzten Person verwendeter Angestellter ist, so tritt Gefängnis bis zum Höchstmafs der in diesem Artikel erwähnten Zeit ein.

§ 3. Wenn die geöffneten Briefe oder Papiere zum öffentlichen Dienst gehören und von einer öffentlichen Behörde ausgehen oder an sie gerichtet sind, oder wenn es gerichtliche Beweisschriften oder Verhandlungen sind, so tritt Besserungshaft und Geldbufse, nie unter einem Jahre, ein.

Art. 462. Jeder Angestellte oder Arbeiter in einer Fabrik oder gewerblichen Anstalt, oder der mit ihrer Verwaltung oder Leitung Beauftragte, der zum Nachteil des Eigentümers die Geheimnisse seines Gewerbes offenbart, wird mit Gefängnis von drei Monaten bis zu zwei Jahren und entsprechender Geldbufse bestraft.

Kapitel IV.
Von Brandstiftung und Schaden.

1. Abschnitt.
Brandstiftung.

Art. 463. Zu acht Jahren Zuchthaus und darauf folgender zwölfjähriger Verbannung, oder wahlweise, zu der festen Strafe fünfundzwanzigjähriger Verbannung wird verurteilt, wer vorsätzlich in Brand setzt und dadurch ganz oder teilweise zerstört:

1. Festungsanlagen, Zeughäuser, Niederlagen, Urkundensammlungen, Fabriken, Schiffe, die dem Staate gehören, oder Gebäude oder sonstige Räume, die Staatseigentum enthalten oder zu dessen Aufnahme bestimmt sind.
2. Ein Gebäude oder einen sonstigen bewohnten Raum.
3. Ein zur Versammlung von Staatsangehörigen gesetzlich bestimmtes Gebäude.
4. Ein innerhalb der Ortschaft zur Wohnung bestimmtes Gebäude, selbst wenn es gewöhnlich nicht bewohnt ist.

Einziger §: Für die Wirkungen der Bestimmung in diesem Artikel No. 2 wird als bewohnter Raum in den Zügen, die in Bewegung sind oder sich in Bewegung setzen wollen, um Reisende zu befördern, jeder Wagen dieser Züge angesehen, selbst wenn die Reisenden nicht in diesem Wagen sitzen.

Art. 464. Zuchthaus von vier Jahren und darauf folgende achtjährige Verbannung, oder wahlweise, die feste Strafe fünfzehnjähriger Verbannung tritt ein, wenn der Gegenstand des Verbrechens ist:

1. Ein Fahrzeug, Lagerraum oder sonstiges Gebäude innerhalb oder aufserhalb der Ortschaft, unbewohnt und nicht zur Wohnung bestimmt.
2. Saat, Wald, Unterholz, Baumbestand.

Art. 465. Die in den beiden vorhergehenden Artikeln bestimmten Strafen werden dem auferlegt, der den Brand einem der darin aufgezählten Gegenstände mitteilt, indem er vorsätzlich das Feuer an irgend welche dort untergebrachte Gegenstände legt, derart, dafs die Ausbreitung eine natürliche Wirkung des Brennens dieser Gegenstände ohne unvorhergesehenes Ereignis sein müfste.

Art. 466. Mit Zuchthaus von acht Jahren und darauf folgender zwanzigjähriger Verbannung, mit Gefängnis am Orte der Verbannung bis zu zwei Jahren, oder ohne es, je nach dem Gutachten des Richters, oder wahlweise, mit der festen Strafe achtundzwanzigjähriger Verbannung, mit Gefängnis von acht bis zu zehn Jahren am Orte der Verbannung, wird bestraft, wer in einem der in den vorhergehenden Artikeln aufgezählten Fälle das Verbrechen der Brandstiftung begeht und dabei den Tod einer Person verursacht, die sich in dem Augenblicke der Brandstiftung in dem angezündeten Raume befand.

Art. 467. Die Strafen für die mifslungene Tat werden verhängt, wenn das angelegte Feuer nicht um sich gegriffen und keinen Schaden hervorgebracht hat, ausgenommen, wenn der Täter die Brandstiftung mehr als einmal versucht hat, oder wenn diese der Gegenstand der Vereinbarung unter mehreren Verbrechern gewesen ist, wofür in solchen Fällen die Strafen der Artikel 463 und 464 eintreten.

Art. 468. Der Eigentümer, der Feuer an seine eigene Sache legt, wird in den folgenden Fällen und mit den folgenden Unterscheidungen bestraft:

1. Wenn der angezündete Gegenstand ein Gebäude oder ein bewohnter Raum ist, so tritt die in Artikel 463 bestimmte Strafe ein.

2. Wenn der Eigentümer, in einem der andern, in den Art. 463 und 464 angegebenen Fälle, durch die Anzündung seiner eigenen Sache dem Eigentum einer andern Person vorsätzlich Schaden verursacht, so wird er zu den Strafen des Artikels 464 verurteilt.

§ 1. Wenn der Nachteil, oder die Absicht den Nachteil zu verursachen, darin besteht, einen Fall von Verantwortlichkeit für einen Dritten entstehen zu lassen, oder die Rechte jemandes zu verletzen, so tritt Gefängnisstrafe von einem bis zu zwei Jahren und entsprechende Geldbufse ein.

§ 2. In allen Fällen bleibt, aufser den in diesem Abschnitt aufgezählten, die Verantwortlichkeit des Eigentümers, der Feuer an seine eigene Sache legt, für die Beschädigungen und für die Verletzung der Polizeivorschriften vorbehalten.

Art. 469. Wenn der Wert einiger der aufserhalb der Ortschaft vorhandenen, im Artikel 464 aufgezählten Gegenstände 20 000 Reis nicht übersteigt und das Feuer vorsätzlich, aber ohne Gefahr und ohne Absicht der Verbreitung angelegt worden ist, so tritt Gefängnis von einem Monat bis zu einem Jahre und entsprechende Geldstrafe ein.

Art. 470. Die Anzündung von Gegenständen, die nicht in diesem Abschnitt enthalten sind, wird bestraft, indem die auf die Zerstörungen und Beschädigungen bezüglichen Bestimmungen, unter erschwerenden Umständen, den allgemeinen Regeln gemäfs angewendet werden.

Art. 471. Die in den vorhergehenden Artikeln aufgestellten Regeln werden in den Fällen von Versenken oder Anlandtreiben von Fahrzeugen, Entzünden von Gruben oder Dampfmaschinen oder von Triebwerken gleicher Kraft angewendet.

2. Abschnitt.

Beschädigungen.

Art. 472. Wer durch irgend welches Mittel, vorsätzlich, ein Gebäude oder einen sonstigen vollendeten oder nur begonnenen Bau, der dem Staate oder einem andern gehört, ganz oder zum Teil einreifst oder zerstört, wird verurteilt:

1. Zu Besserungshaft bis zu zwei Jahren und umwandelbarer Strafe bis zu sechs Monaten, wenn der Wert des Schadens 100 000 Reis überschreitet.

2. Zu Gefängnis bis zu einem Jahre mit umwandelbarer Strafe bis zu drei Monaten, wenn der Schaden diesen Betrag nicht übersteigt, aber höher als 40 000 Reis ist.

3. Zu Gefängnis bis zu sechs Monaten und umwandelbarer Strafe bis zu einem Monat, wenn der Wert 10 000 Reis übersteigt, aber nicht höher als 40 000 Reis ist.

4. Zu Gefängnis bis zu drei Monaten und umwandelbarer Strafe bis zu vierzehn Tagen, wenn der Wert 10 000 Reis nicht übersteigt.

§ 1. Wenn der Wert des Schadens 500 Reis nicht übersteigt, so tritt die Strafe nur ein, wenn eine Klage des Geschädigten beim Gericht vorliegt.

§ 2. Der zweite Rückfall wird geahndet im Falle der No. 4 mit der Strafe der No. 3, im Falle der No. 3, mit der Strafe der No. 2, im Falle der No. 2 mit der Strafe der No. 1, im Falle der No. 1 mit Zuchthaus von zwei bis zu acht Jahren, oder wahlweise, mit zeitiger Verbannung.

§ 3. Wer vorsätzlich, ganz oder teilweise, irgend einen Schienenweg zerstört oder in Unordnung bringt, oder irgend einen Gegenstand darauf legt, der den Verkehr hemmt oder der den Zweck hat, den Zug zum Entgleisen zu bringen, wird zu Zuchthaus von zwei bis zu acht Jahren oder wahlweise, zu zeitiger Verbannung verurteilt.

§ 4. Wenn aus einer der im vorhergehenden Paragraphen angegebenen Handlungen der Tod einer Person hervorgeht, so tritt Zuchthaus von acht Jahren und darauf folgende zwanzigjährige Verbannung ein, mit Gefängnis bis zu zwei Jahren am Orte der Verbannung, oder ohne es, nach dem Gutachten des Richters, oder wahlweise, die feste Strafe achtundzwanzigjähriger Verbannung mit verschärftem Gefängnis von acht bis zu zehn Jahren am Orte der Verbannung; wenn eine der im Artikel 361 bezeichneten Körperverletzungen daraus entsteht, so tritt Zuchthaus von sechs Jahren mit darauf folgender zehnjähriger Verbannung ein, oder wahlweise, die feste Strafe zwanzigjähriger Verbannung; wenn eine der im Art. 360 angegebenen Körperverletzungen entsteht, so tritt Zuchthaus nie unter drei Jahren sieben Monaten und sechs Tagen ein, oder wahlweise, zeitige Verbannung nie unter sechs Jahren.

§ 5. Die Zerstörung von Telegraphen, Telegraphen- oder Telephonstangen oder -Drähten, die Zerstörung oder das Abschneiden von Drähten, Pfeilern oder Telegraphen- und Fernsprecheinrichtungen oder der Widerstand, mit Gewalttätigkeit oder Drohung, gegen ihre Wiedereinrichtung wird mit Besserungshaft und Geldbufse bestraft.

Art. 473. In den Bestimmungen des vorhergehenden Artikels und seines Paragraphen sind enthalten:

1. Wer die Tür, das Fenster, Dach oder die Wand irgend eines Hauses oder Gebäudes einbricht.

2. Wer ganz oder teilweise eine Wand, Grube, einen Graben oder irgend welche Umzäunung zerstört.

Art. 474. Wer eine Bildsäule oder einen andern Gegenstand, der zu allgemeinem Nutzen oder zu öffentlichem Schmuck bestimmt und von der öffentlichen Behörde oder mit deren Ermächtigung aufgestellt ist, zerstört oder auf irgend eine Art beschädigt, wird mit Gefängnis von zwei Monaten bis zu zwei Jahren und entsprechender Geldbufse bestraft.

Art. 475. Zu denselben Strafen des vorhergehenden Artikels wird verurteilt, und vorbehaltlich der Strafen wegen Widerstandes, wenn Anlafs dazu vorliegt:

1. Wer sich mittels Gewalttätigkeit der Ausführung von Arbeiten widersetzt, die von der Regierung genehmigt sind.

2. Wer Schaden zu dem Zwecke verursacht, die freie Ausübung der öffentlichen Gewalt zu verhindern, oder aus Rache gegen diejenigen, die zur Ausführung der Gesetze beigetragen haben.

Art. 476. Wer einen Frucht- oder anderen Baum, oder Pfropfreiser, die einem andern gehören, abschneidet oder zerstört, verstümmelt oder beschädigt, derart, dafs sie eingehen, wird zu Gefängnis von drei bis zu dreifsig Tagen und umwandelbarer Strafe bis zu einem Monat verurteilt.

§ 1. Wenn mehr als ein Baum oder Pfropfreis in Frage kommt, so tritt die durch die Zahl der zerstörten Bäume oder Pfropfreiser vervielfältigte Strafe ein, die indes das Höchstmafs der Besserungshaft und entsprechende Geldbufse nicht übersteigen soll.

§ 2. Wenn der Baum oder die Bäume an öffentlichem Ort, auf einer Strafse oder an öffentlichem Wege gepflanzt waren, so werden die Strafen verdoppelt, ohne je das Höchstmafs der Besserungshaft und Geldbufse zu übersteigen.

Art. 477. Wer ganz oder teilweise die einem andern gehörigen Saaten, Weinanlagen, Gärten, Pflanzungen, Fischteiche oder Pflanzschulen zerstört, wird zu den Strafen des Artikels 472 verurteilt.

Art. 478. Die vorsätzliche Zerstörung oder Beschädigung von Gebäuden oder beweglichem Eigentum oder von irgendwelchen Tieren, die einer andern Person oder dem Staate gehören, wenn sie begangen wird:

1. bei Zusammenrottung,
2. unter Verwendung giftiger oder ätzender Stoffe,
3. mit Gewalttätigkeit gegen Personen

wird mit Zuchthaus von zwei bis zu acht Jahren, oder wahlweise, mit zeitiger Verbannung bestraft.

Art. 479. Wer vorsätzlich ein Pferd, oder ein Zug- oder Lasttier, oder ein Stück Rind- oder Herdenvieh, das einem andern gehört, oder irgend ein, einer andern Person gehöriges Haustier der erwähnten Arten tötet oder verwundet, wird zu Gefängnis von einem Monat bis zu einem Jahre und entsprechender Geldbufse verurteilt.

Einziger §: Wenn diese Straftat auf einem Gebiet begangen wird, wovon der Besitzer des Tieres Eigentümer, Pächter oder Ansiedler ist, so wird die Strafe verschärft, und es wird das Höchstmafs auferlegt, falls ein Eindringen oder ein andrer erschwerender Umstand mitwirkt.

Art. 480. Wer ohne Not irgend ein fremdes Haustier auf einem Gebiet tötet oder verwundet, wovon der Besitzer des Tieres Eigentümer, Pächter oder Ansiedler ist, wird zu Gefängnis von sechs Tagen bis zu zwei Monaten und umwandelbarer Strafe bis zu einem Monat, oder zu Verweisung bis zu sechs Monaten und zu derselben Geldbufse verurteilt.

Art. 481. Aufser den in diesem Kapitel besonders aufgeführten Fällen werden alle an fremdem beweglichem und unbeweglichem Eigentum vorsätzlich verursachten Beschädigungen mit Gefängnis bis zu sechs Monaten und umwandelbarer Bufse bis zu einem Monat bestraft.

Einziger §: Sofern kein erschwerender Umstand mitwirkt, tritt umwandelbare Strafe bis zu einem Monat ein, die auferlegt wird, wenn der Geschädigte Anklage erhebt, und vorbehaltlich der Strafe für Übertretung, wenn Anlafs dazu vorliegt.

3. Abschnitt.

Verursachte Brandstiftungen und Beschädigungen mit Verletzung der Vorschriften.

Art. 482. Wenn jemand unter Verletzung oder aus Mangel an Beachtung der in den Gesetzen und Vorschriften enthaltenen Polizei- und Verwaltungsmafsregeln und ohne böswillige Absicht Brand oder sonstigen Schaden an fremdem beweglichem oder unbeweglichem Eigentum verursacht, so wird er seinem Einkommen gemäfs mit umwandelbarer Bufse bis zu einem Monat bestraft, unbeschadet der in diesen Gesetzen oder Vorschriften für die Übertretung festgesetzten Strafen.

Titel VI.

Von der öffentlichen Anreizung zum Verbrechen.

Art. 483. Wer durch öffentlich und mit lauter Stimme hervorgebrachte Reden oder Worte, oder durch irgendwie veröffentlichte Schrift, oder durch irgend ein Veröffentlichungsmittel zu einem bestimmten Verbrechen anreizt, ohne dafs eine Wirkung der Aufreizung erfolgt, wird mit Besserungshaft und umwandelbarer Bufse von drei Monaten bis zu drei Jahren bestraft, ausgenommen, wenn auf das Verbrechen, zu dem er angereizt hat, durch das Gesetz eine weniger schwere Strafe gesetzt ist, die in diesem Falle dem Aufreizer auferlegt wird.

Einziger §: Wenn auf die Anreizung eine Wirkung gefolgt ist, so wird der Herausforderer als Mitschuldiger angesehen und es wird ihm nur die Strafe für die Mitschuld auferlegt.

Titel VII.

Von den Übertretungen der Polizei-Verordnungen.

Art. 484. Die jetzt gültigen Gesetze und Verwaltungs- und Polizeivorschriften, die die Strafen für die Übertretungen ihrer Bestimmungen festsetzen, sind in vollem Umfange zu beobachten, soweit sie durch dieses Gesetzbuch nicht besonders geändert werden.

Art. 485. Die Geldstrafen für den vom Vieh im Felde angerichteten Schaden werden auch ferner in allen Fällen, in denen sie bestimmt festgesetzt sind, durch die augenblicklich geltenden und in Gemäfsheit der Gesetze aufgestellten Gemeindeverfügungen abgeurteilt.

Art. 486. Nach der Veröffentlichung dieses Gesetzbuches kann in den Verordnungen der Verwaltung und der allgemeinen, Gemeinde- oder Feldpolizei, oder in den Verfügungen der Ortsverwaltungen ohne ein ermächtigendes Sondergesetz keine schwerere Strafe als die folgenden aufgestellt werden:

1. Gefängnis bis zu einem Monat.
2. Geldbuſse bis zu 20 000 Reis.

Einziger §: Der Verlust der bei der Übertretung weggenommenen Gegenstände und Werkzeuge kann nur verfügt werden, wenn es das Gesetz besonders bestimmt.

Palast, den 16. September 1886.

Francisco Antonio da Veiga Beirão.

(*Diario do Governo No. 213 vom 20. September 1886.*)

Druck von LEONHARD SIMION Nf. in Berlin SW. 48.

FSC
www.fsc.org
MIX
Papier | Fördert gute Waldnutzung
FSC® C083411

Kolibri 360 GmbH
Ferdinand-Jühlke-Straße 7
99095 Erfurt, Deutschland
produktsicherheit@kolibri360.de